Marcus Prieser

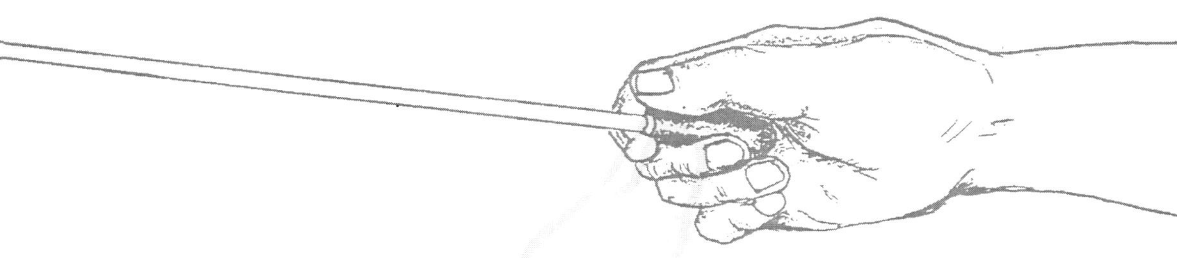

Grundlagen des Dirigierens

Schlagtechnik - Probenarbeit - Aufführung

Illustrationen: Petra Meyer
Titelgestaltung: MG Mönch GrafikDesign, Varel

N 2670

heinrichshofen & noetzel

Prieser, Marcus:

Grundlagen des Dirigierens.
Schlagtechnik – Probenarbeit – Aufführung

Wilhelmshaven: Heinrichshofen, 2011

ISMN 979-0-2044-2670-6
ISBN 978-3-938202-69-2

N 2670 ISMN 979-0-2044-2670-6
ISBN 978-3-938202-69-2

Lektorat, Satz und Schlagbilder: Susanne Zarnkow
Illustrationen: Petra Meyer
Titelgestaltung: MG Mönch GrafikDesign, Varel
Druck und Bindung: Heinrichshofen's Druck, Wilhelmshaven

Inhalt

Vorwort

Dieses Buch wendet sich an Schulmusiker, Kirchenmusiker, Dirigierstudenten, Dirigenten von Amateurorchestern, Leiter von Ensembles, Chorleiter, Musikstudenten im Allgemeinen sowie an jeden, der vor der Aufgabe steht, eine musizierende Gruppe anzuleiten. Mit den Erklärungen und Hilfestellungen möchte ich versuchen, eine Lücke auf dem deutschen Musikbuchmarkt zu schließen, auf dem es nur sehr wenige Lehrwerke zum Thema „Dirigieren" gibt. Es existieren einige englischsprachige Veröffentlichungen, die jedoch meistens zu speziell sind und nur bestimmte Aspekte des Dirigierens erörtern oder sich an bereits fortgeschrittene Dirigenten wenden.

In diesem Buch sollen dagegen die Grundlagen des Dirigierens, Probens und Aufführens vermittelt werden, die Sie zu ersten erfolgreichen Aufführungen ohne größere Pannen und Missgeschicke führen können. Bei den hierfür wichtigen Schlagfiguren haben wir versucht, einen etwas neuen Weg zu gehen, indem wir die Bewegung nicht nur graphisch darstellen, sondern auch deren Bewegungsablauf beschreiben. Auch der Versuch, die Beschleunigung innerhalb der Schlagfiguren darzustellen, ist bisher kaum unternommen worden.

Die Musikbeispiele wurden so gewählt, dass sie das Besprochene sehr eindeutig vermitteln können und zudem möglichst bekannt oder leicht zugänglich sind. Verschiedene Tipps und Tricks, die aus langjähriger praktischer Erfahrung gewonnen wurden, geben zudem wichtige Hinweise und helfen dabei, eine Gruppe ohne Spannungen zu guten Ergebnissen zu führen.

Marcus Prieser

Allgemeines zum Dirigieren

Körperhaltung

Eine aufrechte und trotzdem natürlich lockere Körperhaltung ist anzustreben. Diese verhilft dem Ensemble dazu, spannungsvoll zu musizieren. Zudem gibt sie insbesondere Sängern eine Hilfe zur Atmung und Zwerchfellspannung. Die Füße stehen hüftbreit parallel nebeneinander und sollten immer wieder in diese Haltung zurückkehren. Wer schon einmal breitbeinige, mitschunkelnde oder gar hüpfende Dirigenten beobachtet hat, weiß, wie laienhaft dies wirkt. Leider ist sehr häufig zu beobachten, dass der Dirigent in den Knien einknickt oder sogar wippt, dadurch wird die Effektivität des Schlages enorm beeinträchtigt. Der Unterkörper sollte daher kaum bewegt werden. Wenden Sie sich z.B. den Musikern links zu, dann dreht sich in erster Linie der Oberkörper.

Wendet sich der Dirigent besonderen Stimmgruppen zu, sollte dies in erster Linie durch eine Bewegung des Oberkörpers stattfinden. Der Kopf sollte gerade sein und nicht in den Nacken fallen, sondern den Kontakt zu den Musizierenden herstellen.

Atmung

Die Atmung ist ein wesentliches Element des Musizierens und dies nicht nur bei Sängern und Bläsern. Das musikalische Mitgestalten durch gezielte Atmung ist nicht zu unterschätzen. Insbesondere bei Auftaktbewegungen ist das Mitatmen hilfreich und überträgt sich vor allem bei Bläsern und Sängern unmittelbar. Die Dirigierbewegungen dürfen jedoch keinesfalls darunter leiden und müssen absolut synchron mit der Atmung laufen. Atemgeräusche müssen unhörbar sein, auch wenn die Atmung wichtig ist, so ist sie natürlich der Dirigierbewegung untergeordnet. Mitatmen bedeutet aber auf keinen Fall mitsingen!

Die Schlagtechnik

Die Schlagebene

Für die Musiker ist es wichtig, aus allen Blickwinkeln eine deutliche „Eins“ zu erkennen. Diese muss daher auf einer Ebene liegen, die keinesfalls unter der Hüfte liegen darf. Als Richtschnur gilt, dass die Schlagebene ungefähr auf der Höhe des Bauchnabels liegt.

Der Arm darf beim Taktschlagen nie still stehen. Der Oberarm sollte meistens locker an der Seite des Oberkörpers anliegen ohne ihn jedoch daran anzupressen. Die Schultern sollten nicht nach oben gezogen werden.

Achten Sie darauf, dass Sie keine anderen Bewegungen machen, die das Schlagbild in seiner Deutlichkeit beeinträchtigen.

Das Handgelenk sollte nicht steif, sondern leicht flexibel sein, es darf allerdings nicht bei jedem Schlag zusätzlich federn.

Die Schlagfiguren müssen gründlich geübt werden. Dabei ist es sinnvoll, sich Musik dazu vorzustellen oder Noten zu benutzen, am besten von Stücken, die Sie gut kennen. Zunächst sollten die Bewegungen eine mittlere Größe haben und auch das Tempo sollte ein mittleres sein. Allmählich kann mit dem Tempo und der Größe variiert werden. Beim Üben ist es hilfreich, möglichst häufig einen Spiegel zu benutzen.

Häufig zu beobachtende Fehler sind zusätzliche „Schlenker“ oder sogar „Kurven“ oder sonstige Kreisbewegungen, insbesondere auf der „Drei“ im „4er“ Schlagbild. Ebenfalls häufig gelingt der letzte Schlag zu gewichtig und groß. Am häufigsten zu beobachten ist jedoch ein übertriebenes Zurückfedern nach jeder Zählzeit, dadurch wirken die einzelnen Schläge alle gleich. Dieses Zurückfedern kann an einer zu tiefen Schlagebene beim Dirigieren liegen.

Die Schlagfiguren werden für den rechten Arm dargestellt. Sie sind für den linken Arm selbstverständlich spiegelbildlich auszuführen.

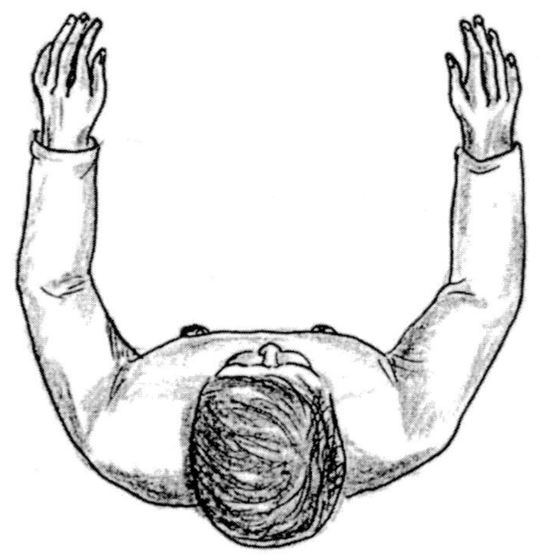

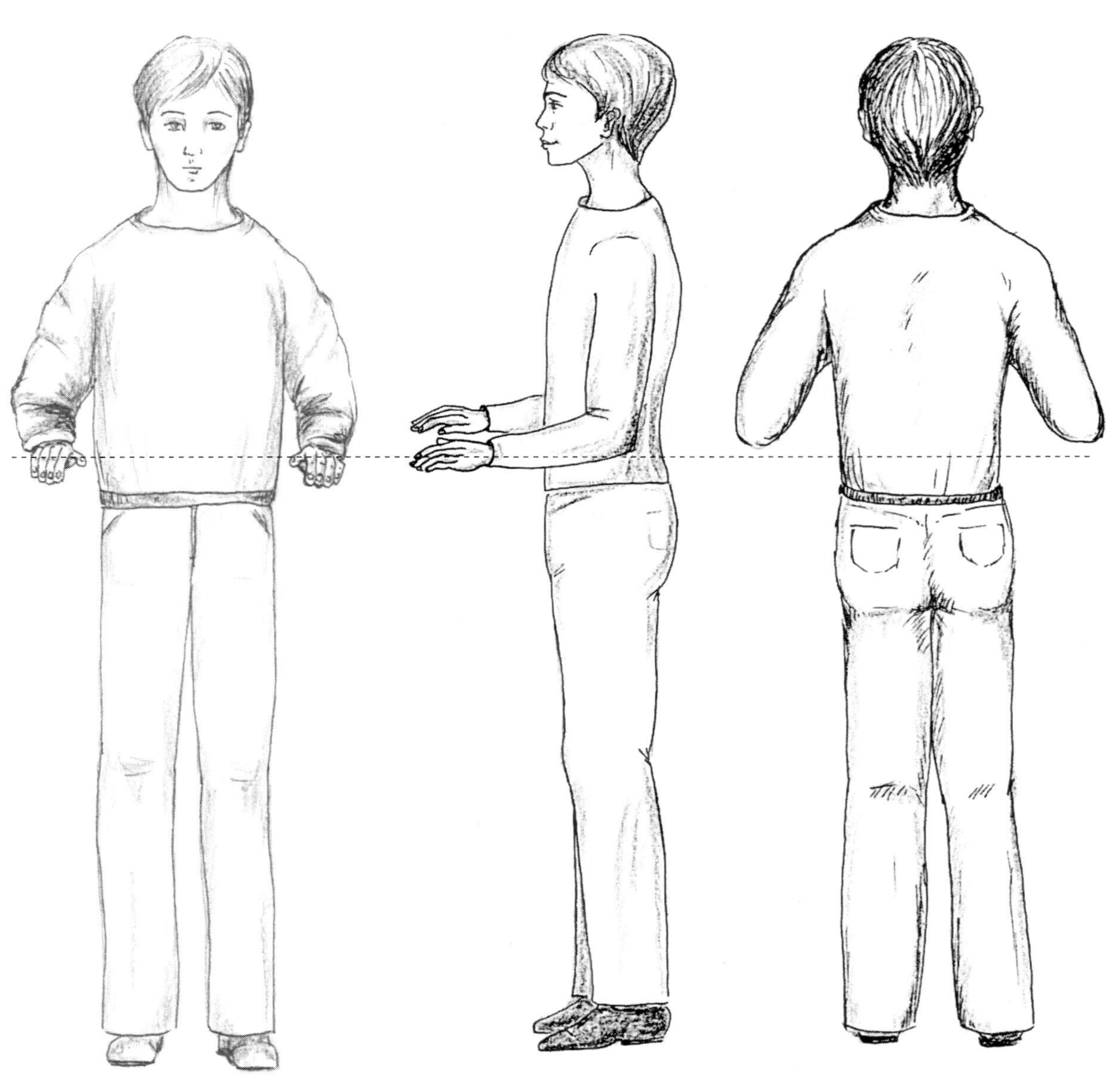

Der „1“er Schlag (abwärts)

Verwendung: schnelle ganze Takte.

Die Bewegung für den „1“er Schlag geht vertikal nach unten. Das Besondere an diesem Schlag ist der sofortige Weg zurück zu seinem Ausgangspunkt. Diese Besonderheit gilt nur für dieses eine Schlagbild. Alle Schläge sind folglich gleich und es gibt kein „Muster“.

Häufig bleiben unerfahrene Dirigenten auf dem Weg zurück zum Startpunkt oder auf der „1“ stehen. Das sollten Sie unbedingt vermeiden, damit der Ablauf immer in Bewegung bleibt. Dies ist wichtig, damit der Zeitpunkt der nächsten „Eins“ sehr deutlich wird, außerdem hat es Einfluss auf die Lebendigkeit des Klanges.

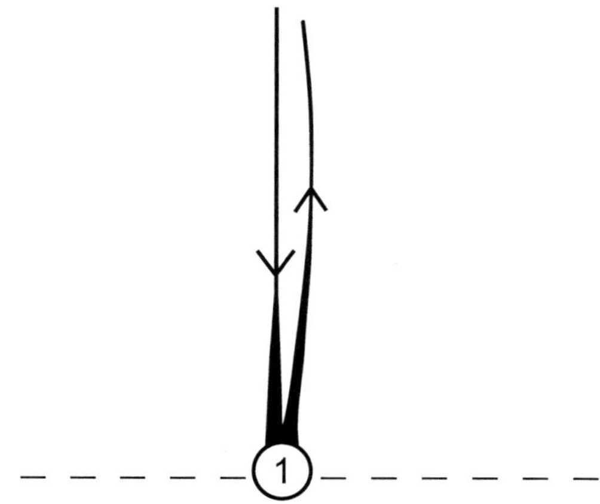

Schlagbild „1“er Schlag

Beschreibung des Schlagbildes

Die Hand *fällt* entlang des Oberkörpers auf die Schlagebene. Entscheidend ist, dass die Bewegung nicht gleichmäßig wie auf Schienen umgesetzt wird, womit einige Dirigenten Schwierigkeiten haben, sondern dass die locker fallende Bewegung zur „Eins“ von allein und völlig natürlich beschleunigt. Von der „Eins“ prallt die Hand zurück. Wichtig ist, dass dabei das Handgelenk nicht einknickt, dadurch wird die Schlagebene undeutlich! Der Weg zurück zum Ausgangspunkt geschieht auf der *gleichen Linie*. Hierbei verliert die Hand wie ein springender Ball Energie und die Bewegung verlangsamt sich.

Der „2“er Schlag (abwärts, aufwärts)

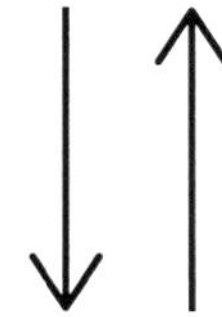

Verwendung: am häufigsten in 2/4, 2/2, 6/8 oder in schnellen 4/4, 6/4, 5/4 Takten.

Gefährlich am Muster des Schlages ist die „Zwei“. Diese federt häufig zu hoch und dadurch ist die „Zwei“ schwer von der „Eins“ zu unterscheiden! Insbesondere für die Musizierenden, die rechts oder links außen sind. Daher sollte die Abwärtsbewegung zur „Zwei“ maximal halb so groß sein wie zur „Eins“.

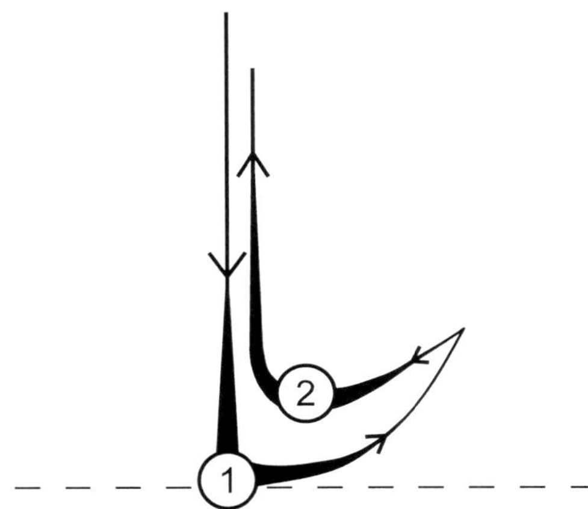

Schlagbild „2“er Schlag

Beschreibung des Schlagbildes

Die Hand *fällt* entlang des Oberkörpers auf die Schlagebene. Nach der „Eins“ federt sie nur ein *wenig*, in einem leichten Bogen, nach oben sowie nach rechts außen. Hilfreich ist die Vorstellung, dass dieser Bogen die Form eines Angelhakens hat. Am Ende des Bogens angekommen, fällt die Hand wiederum bogenförmig auf einen Punkt *minimal* oberhalb der „Eins“ zurück und markiert so die zweite Zählzeit. Von der „Zwei“ führt der Schwung der bogenförmigen Bewegung zurück zum Ausgangspunkt. Hierbei verliert die Hand Energie und die Bewegung verlangsamt sich.

Der „3“er Schlag (abwärts, rechts, aufwärts)

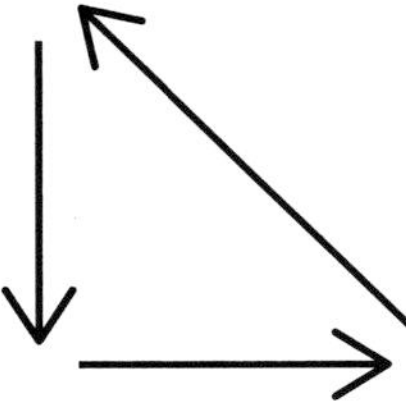

Verwendung: am häufigsten in 3/4, 3/2, 3/8, 9/8 oder in asymmetrischen Takten wie z.B. im 7/8.

Durch den Weg der „Zwei“ nach rechts wird dieser Schlag automatisch leichter als die „Eins“. Ebenso wird die „Drei“ wegen des sehr kurzen Weges von der „Zwei“ in diesem Muster von selbst zur leichtesten Zählzeit.

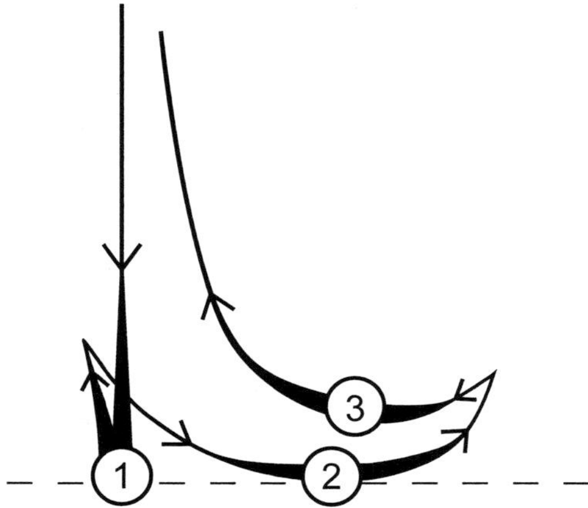

Schlagbild „3“er Schlag

Beschreibung des Schlagbildes

Die Hand *fällt* entlang des Oberkörpers auf die Schlagebene. Sie federt nun zunächst ein wenig nach oben zurück, um erneut Schwung holen zu können. In einem weichen Bogen fällt sie anschließend beschleunigend nach rechts außen auf die Schlagebene und markiert somit die zweite Zählzeit. Nach der „Zwei“ läuft die Bewegung nach rechts außen verlangsamend aus. Am Ende der Bewegung angekommen, fällt die Hand wiederum bogenförmig auf einen Punkt *minimal* oberhalb der „Zwei“ zurück und markiert so die leichte dritte Zählzeit. Von der „Drei“ führt der Schwung automatisch verlangsamend nach oben und somit zurück zum Ausgangspunkt.

Der „4"er Schlag (abwärts, links, rechts, aufwärts)

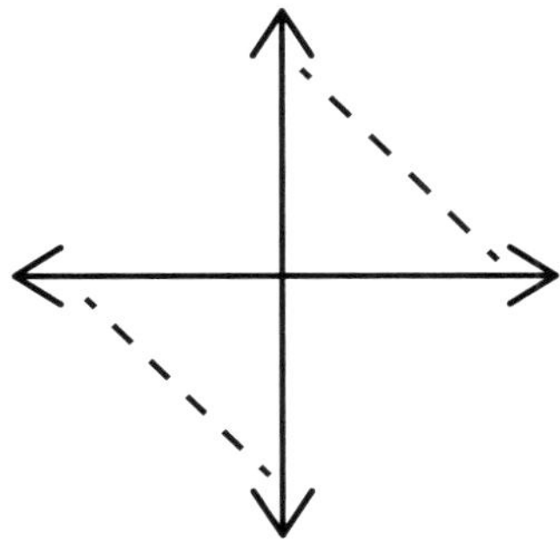

Verwendung: am häufigsten in 4/4, 4/2, 4/8 und 12/8.

Dieses Schlagbild wird besonders oft verwendet. Es unterscheidet sich von den vorherigen durch eine Bewegung nach links. Wichtig ist, dass die dritte Zählzeit tatsächlich rechts von der „Eins" liegt, dadurch bekommt diese Zählzeit automatisch eine Betonung und ist außerdem für alle Musizierenden durch die auffällige Bewegung nach rechts außen besonders deutlich zu erkennen. Eine weitere Besonderheit ist, dass die Schläge einen unterschiedlich langen Weg haben. So ist er von der „Zwei" zur „Drei" länger.

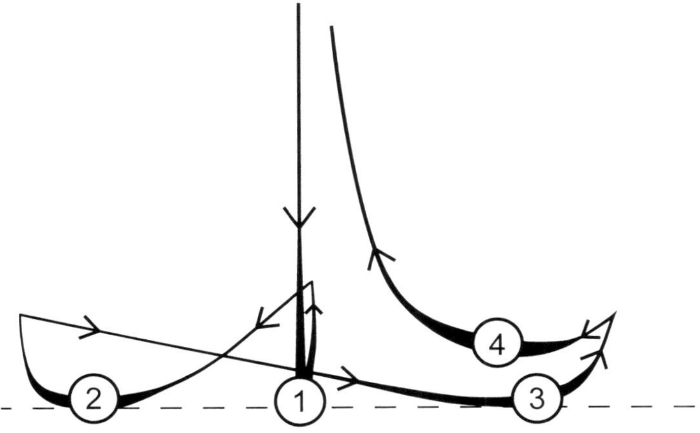

Schlagbild „4"er Schlag

Beschreibung des Schlagbildes

Die Hand *fällt* entlang des Oberkörpers auf die Schlagebene. Sie federt nun zunächst ein wenig nach oben und *minimal* nach rechts zurück, um erneut Schwung holen zu können. In einem weichen Bogen fällt sie anschließend beschleunigend nach links. Auf der Schlagebene auftreffend, markiert sie die zweite Zählzeit. Die Bewegung zur linken Seite läuft langsamer werdend aus. Von dort fällt sie in einem weiten Bogen nach rechts außen auf die Schlagebene und markiert somit die dritte Zählzeit. Nach der „Drei" läuft die Bewegung nach rechts außen wiederum ritardierend aus. Am Ende der Bewegung angekommen, fällt die Hand erneut bogenförmig auf einen Punkt *minimal* oberhalb der „Drei" zurück und markiert so die leichte vierte Zählzeit. Von der „Vier" führt der Schwung automatisch auslaufend nach oben und somit zurück zum Ausgangspunkt.

Der Auftakt

Beim Dirigieren meint der „Auftakt“ den *vorbereitenden* Schlag, bevor die Musik einsetzt, egal ob die Musik volltaktig oder auftaktig beginnt.

Als „Auftakt“ wird der Schlag, der dem ersten Ton vorangeht, gegeben.

Es ist nicht einfach, die Musik starten zu lassen, hier ist Courage gefragt. Entschlossenheit und Wille sind erforderlich, ein zögerlicher Auftakt lässt die Musizierenden im Unklaren und verursacht Frustration. Der Auftakt *muss exakt* im Tempo des Stückes sein. Das bedeutet, dass der Auftakt genau einem Schlag des Metrums entspricht. Die Größe des Auftaktes bestimmt zudem die Lautstärke des Beginns.

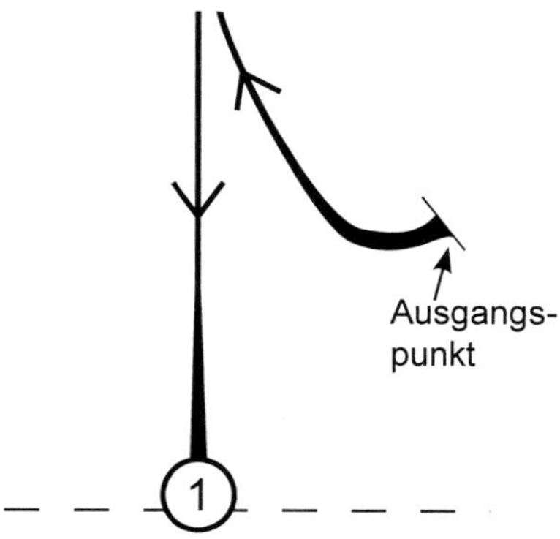

Schlagbild Beginn auf „1“

Außerdem sollte auch der Charakter des Beginns im Auftakt deutlich werden (leicht, gewichtig, staccato, legato etc.). In einem gelungenen Auftakt erreicht es der Dirigent, den Ausdruck des ganzen Werkes gleichsam hineinzunehmen. Auch für das Publikum ist dies bedeutend.

Der Auftakt muss
- ✓ das Tempo anzeigen.
- ✓ die Dynamik verdeutlichen.
- ✓ die Artikulation und den Charakter des Beginns vermitteln.
- ✓ den exakten Beginn des ersten Tones ermöglichen.

Die Bewegung des Auftaktes sollte nicht nach unten führen, das kann zu einem verfrühten Einsetzen Einzelner führen. Die Auftaktbewegung führt zur Richtung des ersten Schlages des Musikstückes hin. Beginnt ein Stück im 4/4-Takt auf der „Vier“, muss der Auftakt also nach rechts unten ausgeführt werden.

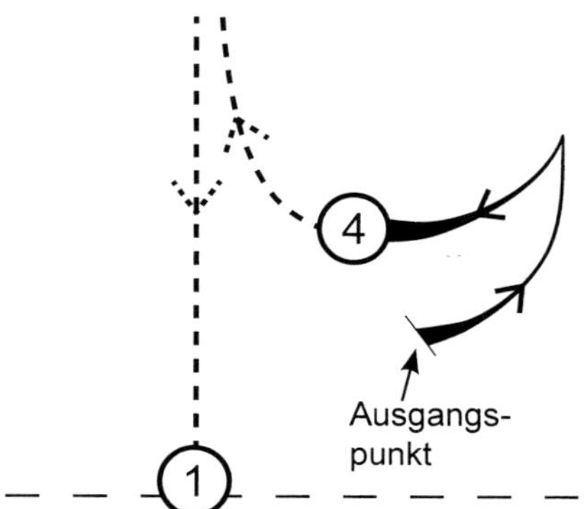

Schlagbild Beginn auf „4“

Beginnt das Stück in einem 4/4-Takt auf der „Eins“ schlägt man als Auftakt die „Vier“, also von rechts mit einer Kurve startend. Beginnt er auf „Drei“, schlägt man als Auftakt die „Zwei“ usw. Es wird immer die volle Zählzeit gegeben. Fängt ein Stück auf der „Drei und“ an, so gebe ich den Auftakt zur „Vier“. Also den gleichen Auftakt, als ob das Stück auf dem nächsten *vollen* Schlag beginnen würde.

Als Übung sollte man in allen üblichen Taktarten den Beginn auf jeder Zählzeit trainieren. Der Auftakt muss idealerweise immer mit einem (lautlosen) Einatmen verbunden werden. Manche Dirigenten geben mehr als einen Schlag als Vorbereitung, z. T. sogar einen ganzen Takt. Solch ein Beginn zerstört jedoch die Atmosphäre, schadet der Konzentration und kann erfahrenere Musiker frustrieren.

Bevor der Dirigent den Auftakt gibt, sollte er langsam die Arme heben und einen kleinen Moment warten, bis *alle* Beteiligten zu ihm schauen.

Ein Trick für Einsteiger ist es, sich die ersten zwei Takte still vorzusummen und auf dem letzten Ton des zweiten Taktes den Auftakt zu geben.

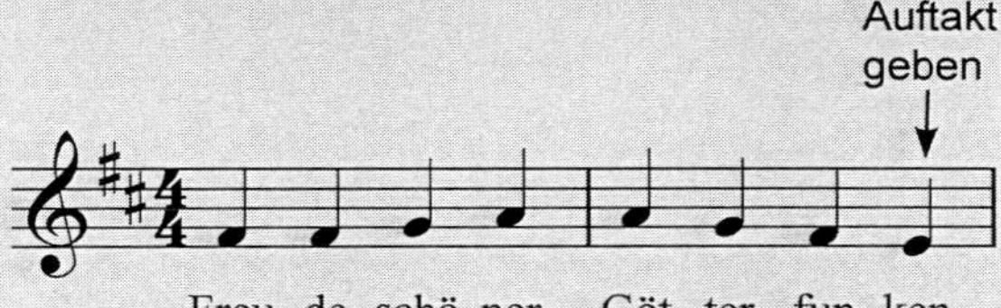

Beethoven: Sinfonie Nr. 9, 4. Satz, Thema „Freude, schöner Götterfunken", Sopran

Der Abschlag

Der Abschlag sorgt für einen gleichzeitigen Schluss aller Musizierenden. Die Wirkung eines guten Abschlags ist auch für die Zuhörer wichtig, da er die Spannung aufrecht erhält und schließlich ebenfalls für das Publikum der letzte Eindruck eines Werkes ist.

Das Abschlagen von Schlussnoten wird mit einer kleinen Halbkreisbewegung des Handgelenkes ausgeführt, das nach der Bewegung stehen bleibt. Der Abschlag sollte trotz aller Deutlichkeit nicht zu einer eventuell ungewollten Betonung führen, wie z.B. in der Vokalmusik eine unbetonte Endsilbe.

Dieser Abschlag wird am häufigsten verwendet. Er wird bei längeren Schlussakkorden benötigt. Ist der Schlusston jedoch sehr kurz, z. B. eine Achtelnote auf der dritten Zählzeit, bleibt die Hand auf der betreffenden Zählzeit entschieden stehen. Wie bei dem Auftakt, muss auch der Abschlag dem Charakter der Musik entsprechen. Bei Streicherakkorden mit einem starken Diminuendo ist es z. B. möglich, durch langsames Absinken der Arme den Akkord verklingen zu lassen.

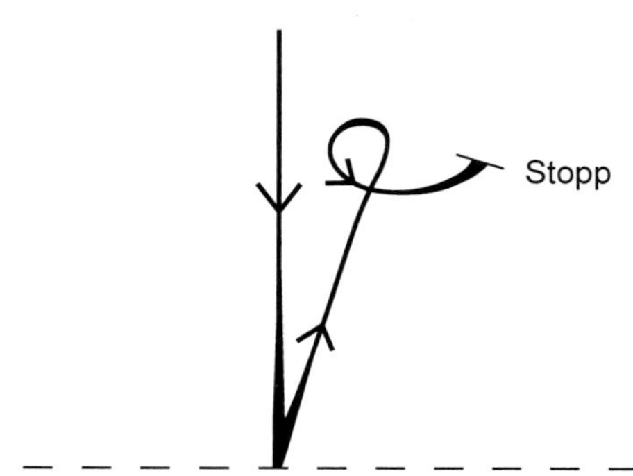

Schlagbild Abschlag

Einsätze

Es muss nicht jeder Einsatz gegeben werden.
Wichtig sind diese Einsätze:

- ✓ Der erste Einsatz einer Gruppe oder eines Musikers in dem Werk.
- ✓ Einsätze für Musiker, die lange Pause hatten.
- ✓ Einsätze, bei denen die Musizierenden schwer hineinfinden.
- ✓ Einsätze, die für die Struktur und zum Verständnis des Werkes wichtig sind (auch für die Zuhörer).
- ✓ Einsätze für einen Musiker, der ein wichtiges Solo oder eine wichtige melodische Linie zu spielen bzw. zu singen hat.

Als **Mittel** stehen dafür zur Verfügung:

- ✓ Einsatz durch direkten Augenkontakt.
- ✓ Einsatz durch direkten Augenkontakt, verbunden mit einem leichten Kopfnicken.
- ✓ Einsatz durch direkten Augenkontakt zusammen mit einem Zeichen von der linken Hand.
- ✓ für sehr deutliche Einsätze die rechte oder beide Hände benutzen!

Vor der Probe sollte sich jeder Leiter genau vergegenwärtigen, wie die einzelnen Sänger oder Instrumentalisten platziert sind. Ist die zu leitende Gruppe für den Dirigenten neu, sollte er sich vorher informieren und sich am Beginn der Probe Zeit nehmen, um sich die Sitzordnung einzuprägen.

Für alle Einsätze gilt, dass sie nicht zu unvermittelt kommen dürfen, sondern, dass der Dirigent sich rechtzeitig dem Musiker oder der Gruppe zuwenden muss. Dies ist der häufigste Grund für verpatzte Einsätze und führt zum Teil zu einem Abbruch und Neubeginn. So gibt es Leiter, bei denen in beinahe jedem Auftritt abgebrochen werden muss, dies sollte Ihnen nicht passieren. Als Faustregel gilt, dass mit dem betreffenden Musiker schon zwei Takte vorher Augenkontakt aufgenommen wird, um ihm zu signalisieren „Ich bin bei dir". Dies gibt allen Mitwirkenden ein Gefühl von großer Verlässlichkeit.

Lernen Sie die Partitur möglichst auswendig und benutzen Sie diese nur als Gedächtnisstütze. Dadurch erreichen Sie einen viel besseren Blickkontakt. Die Musizierenden fühlen sich dadurch mehr „geführt".

Die Fermate

Fermaten können in zwei Formen dirigiert werden. Entweder folgt nach der Fermate eine kurze Pause oder die Musik geht nach der Fermate ohne Einschnitt sofort weiter.

Bei der Fermate mit Pause schlägt man zunächst ab, um dann mit einem neuen Auftakt wieder zu beginnen. Soll es keine Pause geben, so ist die Abschlagsbewegung gleichzeitig die Auftaktbewegung! Die Fermate kann in beiden Fällen auch mit der linken Hand abgeschlagen werden. Ein entsprechender Auftakt wird dann mit der rechten Hand gegeben. Während des Erklingens einer Fermate empfiehlt es sich, nicht einfach die Arme still zu halten, dies führt zu einem „toten" Klang. Stattdessen sollten die Arme eine kleine, langsam „ziehende" Bewegung ausführen. Dazu sollte das Halten der Fermate auf der Höhe der Schlagebene ausgeführt werden. Die „ziehende" Bewegung führt ein wenig nach oben und vom Körper weg.

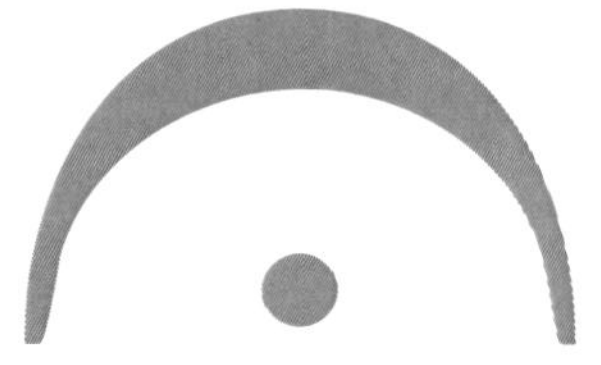

Pausen

Dirigenten schenken häufig den Pausen nicht genügend Beachtung. Betrifft die Pause alle Mitwirkenden, muss er dafür sorgen, dass die Spannung aufrecht erhalten bleibt und die Pause als ein wichtiger Faktor der Musik aufgefasst wird. Es darf nicht der Eindruck entstehen, dass der Fluss der Musik stoppt. Einfaches „Durchschlagen" der Pause ist bei zahlreichen Gelegenheiten zu beobachten und sollte unbedingt vermieden werden.

Damit die Spannung auch bei Pausen erhalten bleibt, muss entweder in der Pause *sehr* klein geschlagen werden oder nur die „Eins" angezeigt oder aber gar nicht dirigiert werden! Entscheidet man sich dafür, gar nicht zu schlagen, sollte man die Arme nicht hängen lassen, sondern wie bei einer Fermate verfahren.

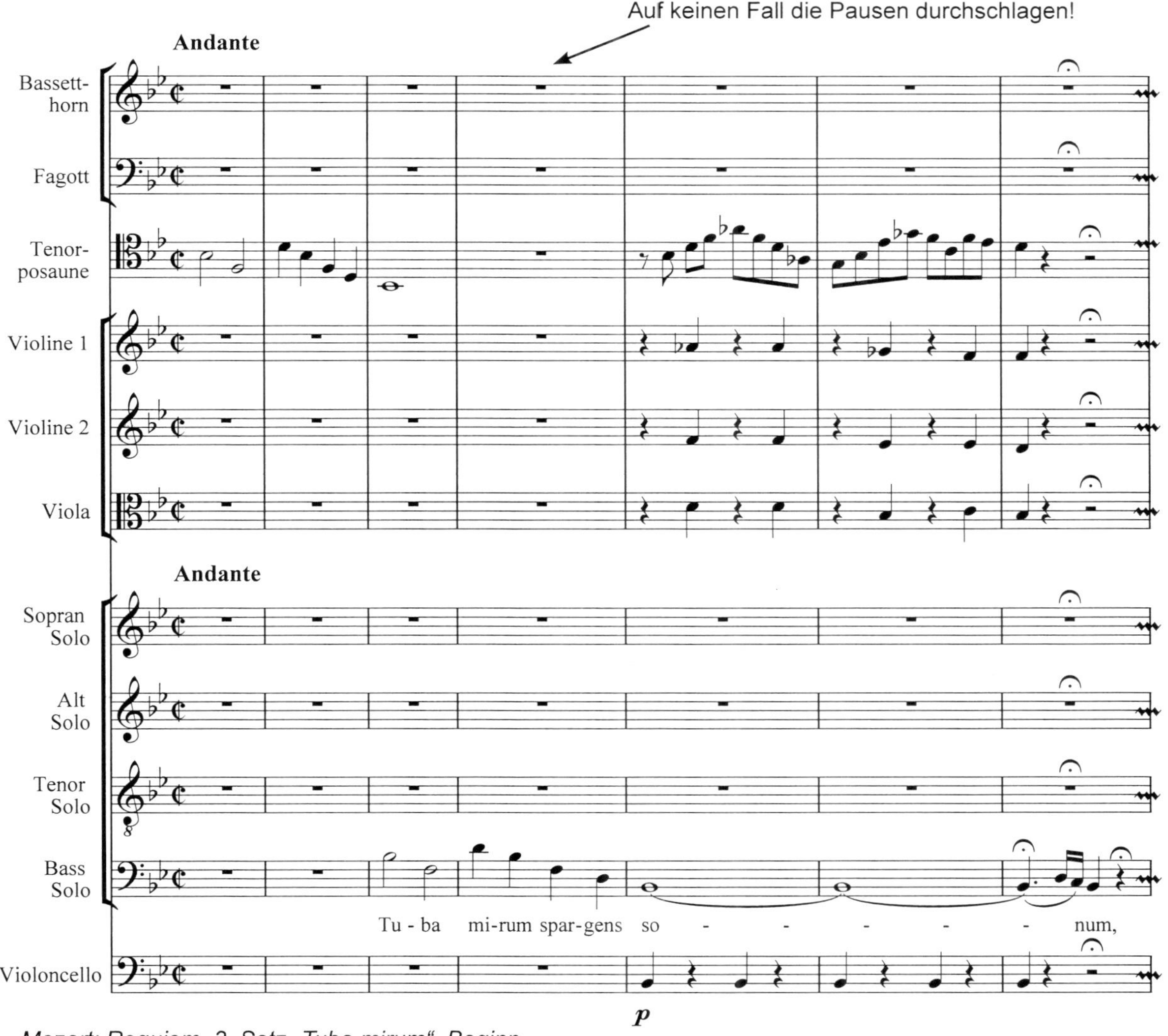

Mozart: Requiem, 3. Satz „Tuba mirum", Beginn

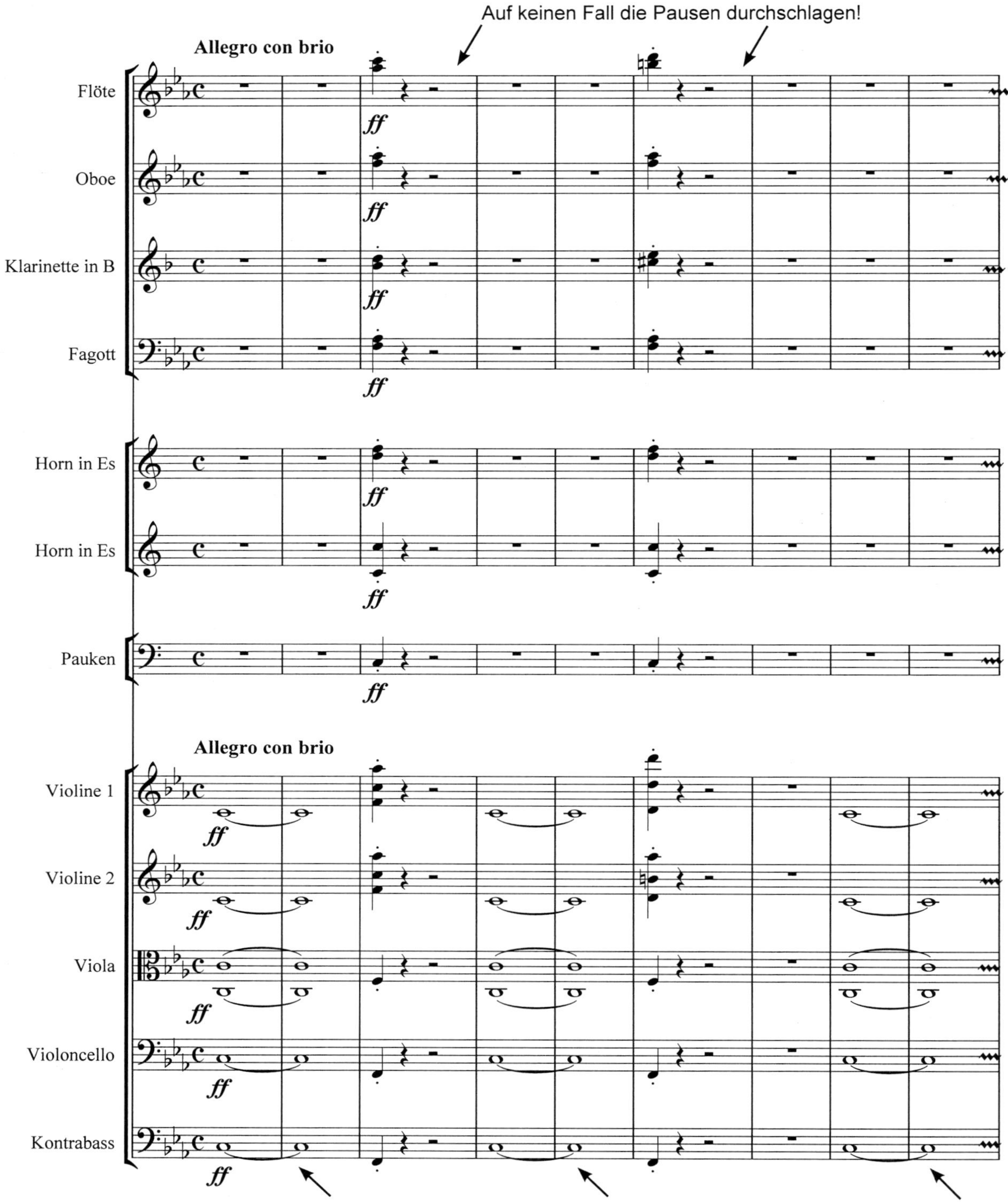

Auch hier *kann* nicht durchgeschlagen werden, die „1" *kann* angedeutet werden.

Beethoven: Coriolan-Ouvertüre, Beginn

Unterteilungen

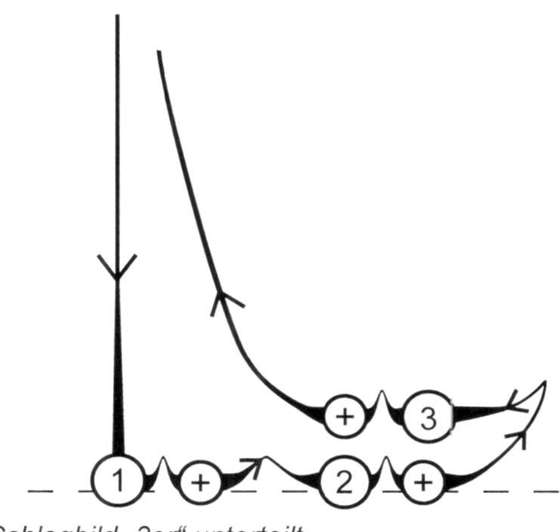

Schlagbild „3er“ unterteilt

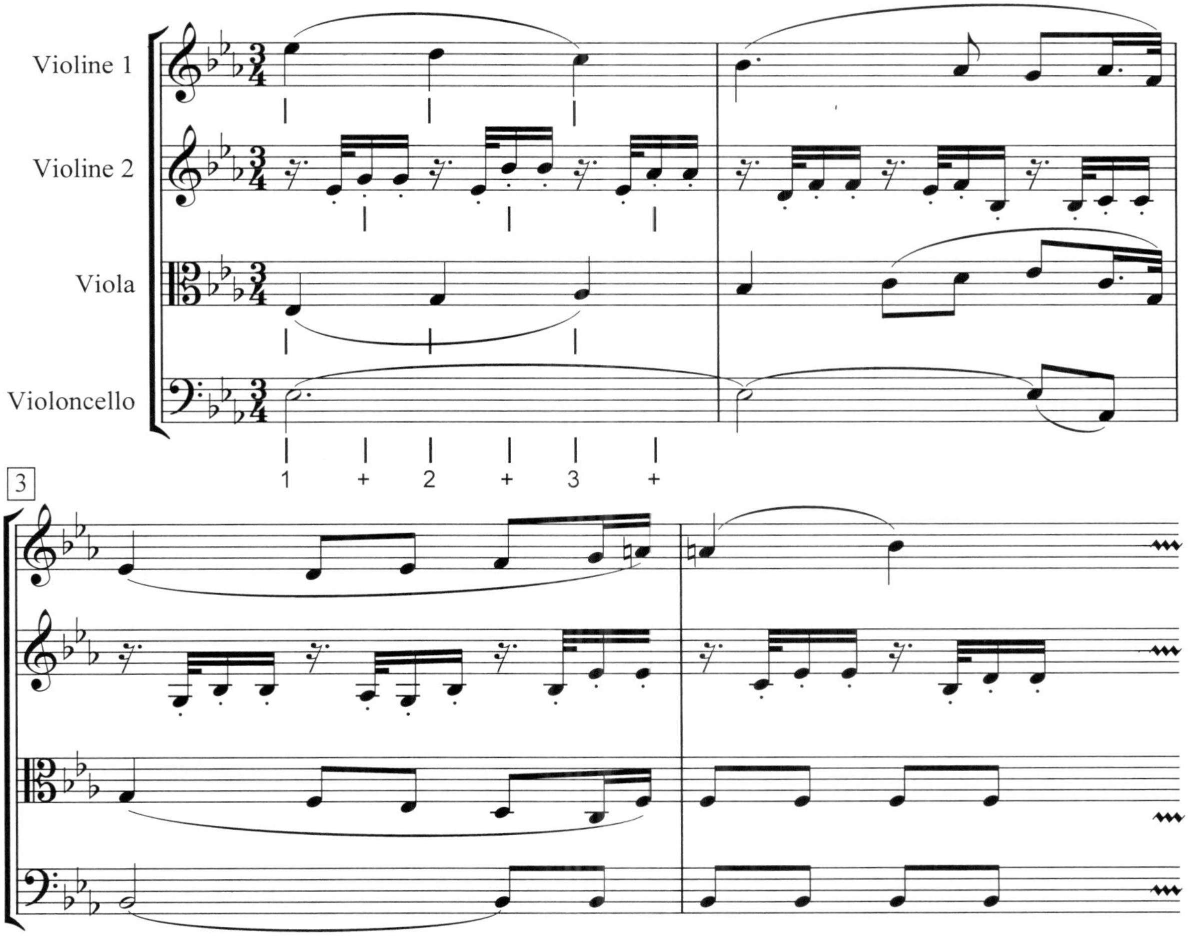

Wenn das Tempo so langsam ist, dass der Dirigent die Kontrolle verliert, da die Bewegung von Zählzeit zu Zählzeit zu langsam wird, um sie deutlich ablesen zu können, muss er die Zählzeiten unterteilen. So erhält z.B. ein 3/4-Takt sechs Schläge. Unterteilen meint hierbei, dass bei einem Viertelmetrum nun jede Achtelnote angezeigt wird. Unterteilungen sind auch bei einem

Violine 1

Violine 2

Viola

Violoncello

1 + 2 + 3 +

3

Beethoven: Sinfonie Nr. 4, 2. Satz, Beginn

Ritardando nötig oder zur Verdeutlichung der rhythmischen Struktur.

Generell kann man sagen, dass die Hauptzählzeiten größer geschlagen werden. Die Unterteilungen sollten sehr klein gegeben werden. Jede Hauptzählzeit bekommt quasi einen „Nachschlag", der zumeist in die gleiche Richtung der vorigen Zählzeit ausgeführt wird oder an derselben Stelle wie bei der „Eins und". Wichtig ist, dass sich die „und"-Schläge deutlich von den Hauptzählzeiten unterscheiden und nicht nur kleiner, sondern auch unbetonter ausgeführt werden. Sind sich die Schläge zu ähnlich, verlieren die Musizierenden den Überblick, welche Zählzeit der Leiter gerade gibt. Bei unterteilten Schlagfiguren ist es daher außerdem besonders wichtig, eine deutliche „Eins" zu geben. Das betrifft noch mehr die Unterteilung in drei Schläge pro Hauptzählzeit, wie z.B. im 6/8 oder 9/8 Takt. Das unterteilte Dirigieren kann sich zunächst sehr unkomfortabel anfühlen, da die Bewegungen zwischen den Zählzeiten nun kleiner werden. Bei einem unterteilten „2er" kann auch auf das „4er" Schlagbild zurückgegriffen werden.

Manche Dirigenten unterteilen jedoch zu häufig. Der Leiter sollte sich gründlich überlegen, ob oder wo eine Unterteilung wirklich nötig ist. Wird bei einem relativ flüssigen Tempo bereits unterteilt geschlagen, sind die Bewegungen so schnell, dass das Dirigat eher verwirrt statt zu helfen, zudem wird die Musik zu unruhig.

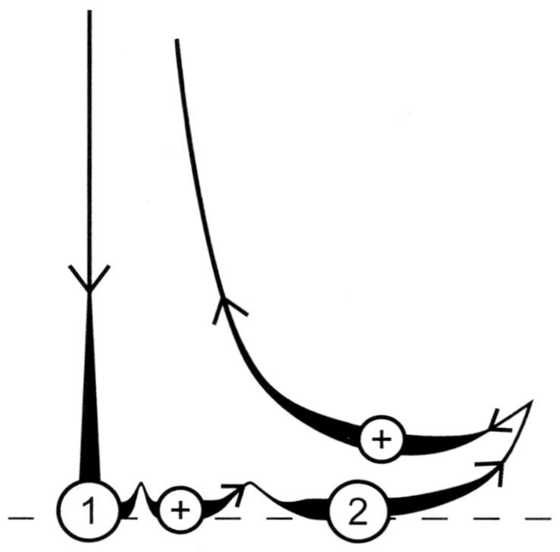

Schlagbild „2er" unterteilt

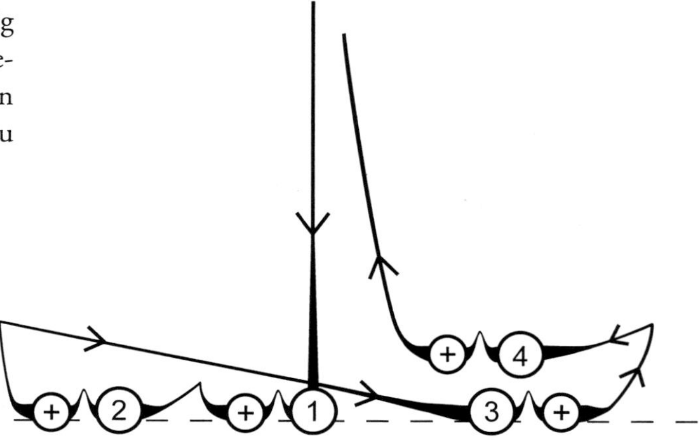

Schlagbild „4er" unterteilt

Schlagbild „9er“

„1“er Schlagfigur für einen Walzer

Bei einem Walzer wird der „1“er Schlag verwendet. Jedoch sind die Aufwärtsbewegungen nicht gleichmäßig verlangsamend. Die Hand wird sehr schnell langsam, bis sie auf der zweiten Zählzeit beinahe zum Stehen kommt. Auf der dritten Zählzeit gibt es einen erneuten Impuls ähnlich einer Auftaktbewegung. Durch dieses Schlagbild wird die zweite Zählzeit unbetont, zudem erhält durch den erneuten Schwung auf der „Drei“ diese Zählzeit einen Auftaktcharakter. Diese Schlagtechnik ist für den Charakter des Walzers sehr hilfreich, allerdings benötigt er einige Übung.

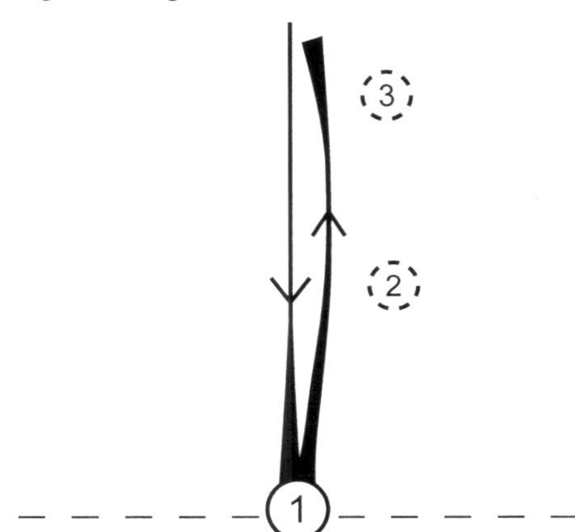

Schlagbild „1“er Schlag Walzer

Schlagbild „12er“

Seltenere Taktarten

Mit den „1er“, „2er“, „3er“ und „4“er Schlagfiguren kann der bei weitem größte Teil der Musik dirigiert werden. Daneben gibt es natürlich noch weitere Schlagfiguren. Von diesen kommen am häufigsten die „5er“ und „6er“ Schlagfiguren vor. Diese sollen im Folgenden aber nur durch die Skizze ihres Schlagbildes vorgestellt werden. Für sie gelten die gleichen Gesetzmäßigkeiten wie bei den oben behandelten Figuren.

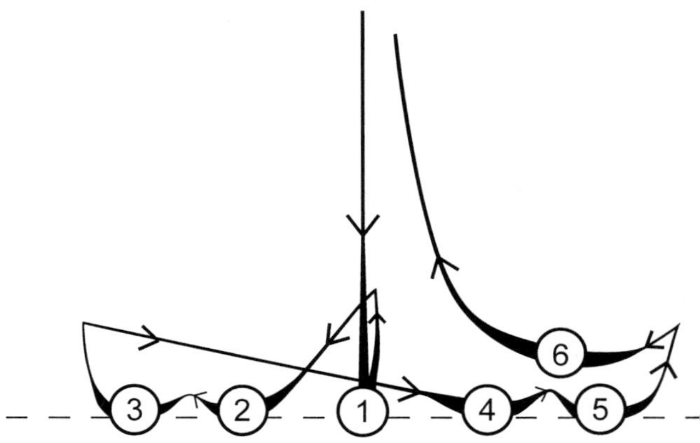

Schlagbild „6er“

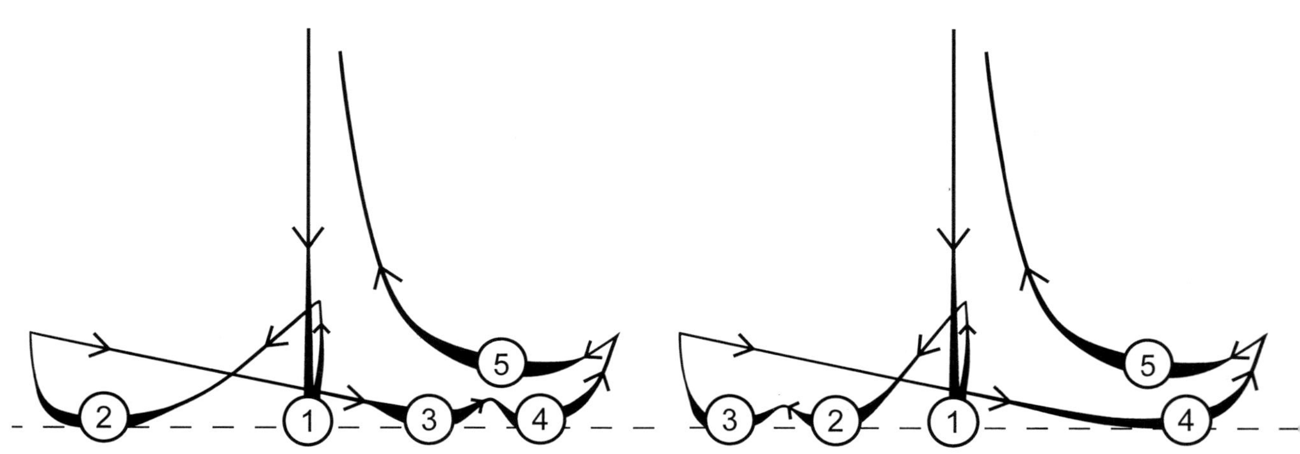

Schlagbild „5er“ (2+3)

Schlagbild „5er“ (3+2)

Die linke Hand

Die Bedeutung von linker Hand und linkem Arm wird häufig unterschätzt und selbst bei manchen erfahrenen Dirigenten leider etwas stiefmütterlich behandelt. Sehr häufig zu beobachten ist das ständige parallele Mitdirigieren der linken Hand, das die Gestaltungsmöglichkeiten deutlich einschränkt.

Für eine musikalisch gute Aufführung spielt die effektiv eingesetzte und ausgebildete linke Hand eine entscheidende Rolle. Allerdings erfordert diese Fähigkeit viel Übung, das Erlernen braucht zudem einige Zeit und Erfahrung.

Die **Aufgaben** für die linke Hand sind:
- ✓ Einsätze geben.
- ✓ die Dynamik anzeigen (auch dynamische Veränderungen wie Crescendo etc.).
- ✓ Abschlagen.
- ✓ Achtungszeichen (bei Tempowechseln oder anderen Besonderheiten) geben.
- ✓ Abdämpfen von zu lauten Instrumenten, Gruppen usw.
- ✓ Auffordern von zu leisen Instrumenten, Gruppen usw., kräftiger zu musizieren.
- ✓ Ausdrucksgehalt der Musik portraitieren.
- ✓ Akzente anzeigen.
- ✓ Halten von langen Notenwerten.

Bevor die linke Hand jedoch streckenweise einfach nur parallel mitdirigiert, sollte man sie einfach ruhen lassen. Das verstärkt zudem die gezielte Verwendung der linken Hand. Den Musikern wird dann deutlich, dass etwas Besonderes zu erwarten ist.

Einsätze

Siehe das Kapitel „Der Auftakt“ (S. 12). Es sei noch einmal daran erinnert, dass die Einsätze mit einer Auftaktbewegung gegeben werden müssen. Die Arme dürfen sich dabei nicht kreuzen!

Dynamik

Für das Anzeigen der Dynamik mit der linken Hand stehen zwei Möglichkeiten zur Verfügung:
- ✓ Bei einem Crescendo wird die Hand gehoben, bei einem Decrescendo wird sie gesenkt. Bei dem Heben zeigt die Handfläche nach oben, als ob ein Gegenstand in der Hand liegt. Bei dem Senken der Hand zeigt die Handfläche nach unten, als ob man etwas langsam herunterdrückt. Das Auffordern, lauter zu spielen, kann ebenfalls mit der geöffneten Handfläche angezeigt werden, das Abdämpfen entsprechend mit der Handfläche nach unten.
- ✓ Bei einem Crescendo bewegt sich die Hand vom Körper weg, bei einem Decrescendo nähert sie sich dem Körper. Hiermit wird das Crescendo bzw. Decrescendo noch effektiver und dem Dirigenten sind noch mehr Möglichkeiten zur Gestaltung der Dynamik gegeben.

Häufig zu beobachten ist das alleinige Heben und Senken der Hand, das wirkt auf Dauer sehr schematisch. Viel zu selten nutzen Dirigenten die Bewegungen vom Körper weg, eine Kombination beider Abläufe bietet sich daher an. Zunächst sollten diese Bewegungen mit der linken Hand einzeln geübt werden, dann zusammen mit den Schlagfiguren der rechten Hand.

Abschlagen

Siehe das Kapitel „Der Abschlag" (S. 14). Das dort Beschriebene gilt selbstverständlich auch für die linke Hand.

Achtungszeichen

Das Achtungszeichen kann durch den gehoben linken Arm, ähnlich wie ein kleiner Gruß, gegeben werden. Es kann die Musizierenden auf Besonderheiten, die bald zu erwarten sind, aufmerksam machen. Das können auch Dinge sein, die keinen rein musikalischen Ursprung haben, wie z. B. „Achtung, der Chor ist gleich dran" o. Ä.

Ausdrucksgehalt portraitieren

Das Verstärken des Ausdrucks durch die linke Hand kann auf vielfältige Weise geschehen. So kann z. B. bei zarten, weichen Passagen die linke Hand eine weiche, streichende Bewegung auf einer Ebene, wie das Streichen mit der Hand über eine schöne Oberfläche, vollführen. Bei zupackenden Passagen kann die Hand sehr weit gespreizt oder zur Faust geballt werden.

Akzente

Für das Anzeigen von Akzenten wird die Bewegung der rechten Hand auf der betreffenden Zählzeit verdoppelt. Wichtig ist, dass die linke Hand mit einem Auftakt, wie bei den Einsätzen, den Akzent gibt.

Halten von langen Notenwerten

Es kann passieren, dass bei längeren Notenwerten der Wert nicht voll ausgehalten wird, oder - besonders im Chor - die Spannung nachlässt. Als Hilfe kann dieser lange Ton mit dem leicht ausgestreckten, angespannten linken Arm gehalten werden. Das Handgelenk sollte dabei auf natürliche Weise den Unterarm verlängern, auf keinen Fall darf es dabei nach unten abknicken.

Daneben kann die linke Hand auch „Unfällen" vorbeugen, indem sie mit einer abwehrenden Geste signalisiert „jetzt noch nicht"! Bei der Mitwirkung der linken Hand darf die gleichmäßige Bewegung der taktschlagenden rechten Hand auf keinen Fall beeinträchtigt werden!

Der Taktstock

Ein Taktstock *kann* eine sehr gute Hilfe zum Dirigieren sein. Die Verwendung des Taktstockes sollte in Fleisch und Blut übergehen und nicht hemmen, daher muss im Vorfeld mit ihm viel geübt werden. Der Taktstock ist sinnvoll, da er die Bewegung des Unterarmes verlängert und dadurch auch für Musiker, die weiter entfernt sind, sichtbar macht. Das wiederum bedeutet, dass er nur bei größeren Ensembles sinnvoll ist.

Entscheidend ist die Taktstockspitze. Sie ist es, die die Schlagfiguren genau zeichnet. Es ist daher unbedingt erforderlich, dass das Handgelenk nicht zu locker ist, da es ansonsten das Schlagbild verzerrt! Natürlich soll es auch nicht verspannt oder völlig steif sein, sondern leicht flexibel.

Der Taktstock wird locker zwischen Zeigefinger und Daumen der rechten Hand gelegt, wobei der Handrücken leicht nach oben zeigt.

Natürlich kann der Dirigent diese „Standardposition" auch leicht variieren, wenn es dem Ausdrucksgehalt der Musik entspricht. So kann der Taktstock z.B. bei sehr kraftvoller Musik auch kurzzeitig mit der ganzen Hand umklammert werden oder bei sehr filigraner Musik lediglich mit den Fingerspitzen geführt werden. Der Dirigent sollte jedoch immer darauf achten, dass die Taktstockspitze die Schlagfigur sauber und deutlich zeichnet.

Der Taktstock sollte allerdings nur dann verwendet werden, wenn der Leiter sich sehr sicher mit ihm fühlt, ansonsten sollte man lieber auf ihn verzichten. Bei Chormusik wird üblicherweise gänzlich auf den Taktstock verzichtet.

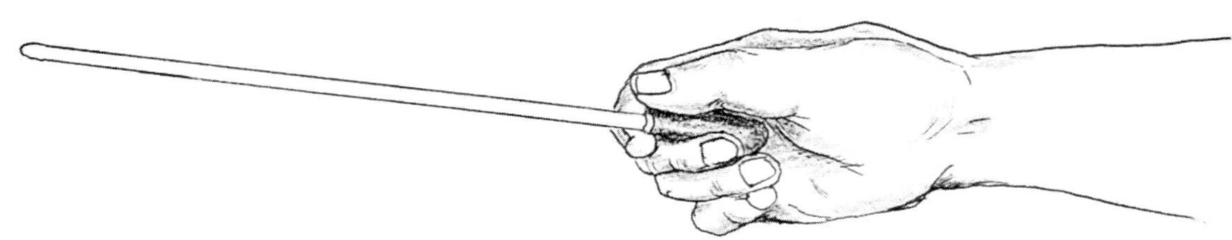

Handhaltung mit Taktstock

Abschließendes zur Schlagtechnik

Das gute Beherrschen der Schlagfiguren ist enorm hilfreich für die Musizierenden. Jedoch nur, wenn sie auch selbstverständlich und verlässlich durchgeführt werden. Ungewollte Tempiwechsel oder auch nur ungenaues Schlagen verhindern hingegen, dass sich eine Sicherheit im Zusammenspiel zwischen Dirigent und Ensemble einstellt. Im schlimmsten Fall beginnen die Musiker damit, den Dirigenten lieber zu ignorieren.

Neben dem Üben aller Schlagfiguren sollte deshalb auch trainiert werden, auf jeder Zählzeit einen Einsatz zu geben.

Vor dem Auftakt ist es wichtig, die Gruppe zu überblicken und zu überprüfen, ob alle bereit sind. Bei Einsätzen wendet man sich den Betreffenden natürlich zu.

Das Notenpult sollte nicht zu hoch sein, so dass die einzelnen Mitglieder des Ensembles und der Dirigent sich gut sehen können. Der Schlag muss bei einem höheren Tempo kleiner werden, ansonsten fängt die Gruppe an zu schleppen.

Der häufigste Fehler bei Anfängern ist das „Nachdirigieren“. Das bedeutet, dass sie genau den Moment dirigieren, in dem die Musik tatsächlich erklingt. So können sie aber keinen Einfluss auf die Musizierenden nehmen und dirigieren die Musik quasi nach, zudem läuft das Ensemble auch Gefahr zu schleppen. Es ist daher also entscheidend, immer einen winzigen Augenblick voraus zu sein, da die Musiker diesen benötigen, um antworten bzw. reagieren zu können. Natürlich muss der Leiter noch weiter vorausdenken, nicht nur bis zur nächsten Zählzeit, sondern bis zum nächsten Takt, dem nächsten Tempowechsel etc.

Übungen zur Schlagtechnik

Vorbereitende Übungen

Auch wenn diese Übungen zunächst sehr leicht aussehen mögen, ist eine wirklich gleichmäßige und lockere Ausführung in unterschiedlichen Tempi gar nicht so einfach. Zudem lernen Sie, den „Dirigierrahmen", also das Feld, in dem sich die Arme bewegen, auszuschöpfen. Die Hände bleiben bei allen Übungen locker, ohne jedoch nach unten abzuknicken. Jede Übung sollte mehrfach durchgeführt werden. Sie eignen sich auch als „Warm up" für Fortgeschrittene.

1. Lassen Sie den rechten Arm angewinkelt in einer geraden Linie hinabfallen. Die Hand fällt dabei von einer Position in Höhe der Schulter auf eine Position in Höhe des Bauchnabels (Schlagebene), sodass der Unterarm einen rechten Winkel zum Oberarm bildet. Wichtig ist, dass Sie dabei nicht die Muskeln anspannen! Die Hand sollte während der Übung nicht nach unten abknicken. Anschließend versuchen Sie es mit beiden Armen.

2. Bewegen Sie den rechten Arm auf der Linie der Schlagebene (Bauchnabelhöhe) gleichmäßig nach rechts und links außen, ohne die Arme nach vorn zu bewegen und vor allem, ohne dabei die Linie der Schlagebene zu verlassen. Der Oberarm bleibt während der Bewegung locker am Oberkörper. Diese Übung sollten Sie im Anschluss nur mit dem linken Arm und dann mit beiden Armen praktizieren.

3. Bewegen Sie wiederum auf der Schlagebene beide Arme langsam und gleichmäßig möglichst weit nach vorn und wieder zurück, ohne dabei die Höhe der Schlagebene zu verlassen! Der Oberkörper bewegt sich nicht mit nach vorne.

4. Üben Sie horizontale, kreisförmige Bewegungen auf der Höhe der Schlagebene, zunächst jeden Arm einzeln, dann beide zusammen. Stellen Sie sich dabei vor, Sie wischen in Kreisen über einen Bistrotisch.

Auftakte und Schlagfiguren

Diese Übungen beanspruchen einige Zeit. Es ist nicht notwendig, jedes Mal alle Aufgaben anzuwenden. Nehmen Sie sich Zeit, um geeignete Stücke herauszusuchen, die Ihnen dabei helfen, die Bewegungen zur Musik auszuführen. Singen Sie zu den Bewegungen (Choräle und Lieder eignen sich hierzu gut) oder stellen Sie sich den Klang eines Werkes vor. Natürlich können Sie auch zu einer Aufnahme die Bewegungen üben, doch sollten Sie damit zurückhaltend sein. Trainieren Sie stattdessen ihre eigene musikalische Vorstellungkraft und ihr musikalisches Gedächtnis. Verwenden Sie nach Möglichkeit einen großen Spiegel.

1. Üben Sie die Auftaktbewegung zur „Eins" und variieren Sie das Tempo, die Dynamik und den Ausdruck. Federn Sie nach der „Eins" leicht aufwärts und bleiben dann stehen. Stellen Sie sich dabei einen unterschiedlichen Klang (zart, majestätisch etc.) vor. Üben Sie zunächst mit dem rechten Arm und anschließend mit beiden Armen.

2. Schlagen Sie die „2er", „3er" und „4er" Schlagfiguren. Wechseln Sie währenddessen im-

mer wieder das Tempo und die Größe des Schlages. Üben Sie dabei auch, den Charakter des Schlages zu variieren von sehr weich und Legato zu hart und quasi Staccato geschlagen. Als Hilfe sollten Sie sich unbedingt Musik vorstellen. Eine gute Übung ist es auch, gleichzeitig diese Musik zu summen oder zu singen. Beenden Sie jede Übung mit einem Abschlag. Im Folgenden finden Sie ein paar bekannte Musikbeispiele als Übungsvorschläge:

„2er“
- **Ruhiges Tempo und Legato:**
  Grieg, Morgenstimmung aus Peer Gynt
- **Mittleres Tempo und Non-espressivo:**
  Beethoven, Symphonie Nr. 6 „Pastorale“, 1. Satz
- **Mittleres Tempo und Staccato**:
  J. Strauss (Vater), Radetzky-Marsch
- **Schnelles Tempo und Staccato:**
  Mozart, Ouvertüre zu Figaros Hochzeit

„3er“
- **Ruhiges Tempo und Legato**:
  Wagner, Tannhäuser-Ouvertüre
- **Mittleres Tempo und Non-espressivo:**
  Schubert, Symphonie Nr. 7 „Unvollendete“, 1. Satz
- **Mittleres Tempo und Staccato:**
  Händel, Hornpipe aus der „Wassermusik“

„4er“
- **Ruhiges Tempo und Legato**:
  Ravel, Pavane pour une enfante défunte
- **Mittleres Tempo und Non-espressivo**:
  Mendelssohn, Hebriden-Ouvertüre
- **Schnelles Tempo und Staccato**:
  Händel, Messiah „Hallelujah“

3. Wechseln Sie taktweise die Arme auf der „Eins“, z. B. ein Takt „4er“ mit rechts, ein Takt „4er“ mit links, dann zusammen. Üben Sie auf die gleiche Art auch Taktwechsel in allen möglichen Kombinationen.

4. Üben Sie die Figuren der unterteilten Taktarten. Achten Sie vor allem auf ein gleichmäßiges Tempo (zur Kontrolle können Sie ein Metronom verwenden), üben Sie die Unterteilungen auch mit beiden Armen einzeln. Suchen Sie Musikbeispiele, die Ihnen bei der Übung helfen, sich einen konkreten Klang vorzustellen. Hier finden Sie ein paar erste Vorschläge:

- **„4er“ unterteilt**: Beethoven, Symphonie Nr. 1, Einleitung
- **„3er“ unterteilt:** Haydn, Symphonie Nr. 94 „Paukenschlag“, Einleitung
- **„9er“**: Debussy, Prélude à l'après-midi d'un faune

5. Üben Sie nun alle Schlagfiguren und starten Sie jeweils mit Auftakten zu allen Zählzeiten außer der „Eins“, z.B. in einem 3/4 Takt mit einem Auftakt zur „Zwei“.

Unabhängigkeit der Arme

Die folgenden Übungen sollten Sie erst in Angriff nehmen, wenn Sie mit den vorigen Übungen bereits sehr vertraut sind und diese tadellos ausführen können.

1. Schlagen Sie die „2er", „3er" und „4er" Figuren mit dem rechten Arm. Geben Sie mit links auf verschiedenen Zählzeiten Einsätze. Achten Sie darauf, dass die Schlagfigur des rechten Armes dabei nicht beeinflusst wird.

2. Schlagen Sie die „2er", „3er" und „4er" Figuren mit dem rechten Arm. Zeigen Sie mit dem linken Arm dazu Crescendo und Decrescendo, zunächst indem Sie in der Höhe variieren, dann auch, indem Sie mit dem Arm nach vorn und wieder zurückgehen. Wiederum darf der taktschlagende Arm nicht beeinflusst werden.

3. Schlagen Sie die „2er", „3er" und „4er" Figuren mit einem Arm. Zeichnen Sie nun in einer gleichmäßigen Bewegung mit dem anderen Arm eine 8 in der Luft.

Wenn Sie mit allen Übungen sehr vertraut sind, erfinden Sie eigene Übungen, indem Sie die hier vorgeschlagenen erweitern, kombinieren etc.

Fehler und deren Auswirkungen

Fehler	Auswirkung
die Arme fallen nicht wirklich entspannt, sondern fahren ohne Beschleunigung, wie auf Schienen	der Dirigent hat nicht wirklich Einfluss auf das Musizieren
Die Schlagebene ist unklar, da sie mal höher, mal tiefer liegt	unstabiles Musizieren, zudem fangen die Musizierenden an, den Dirigenten zu ignorieren.
ständiges paralleles Dirigieren der beiden Arme	die Gestaltungsmöglichkeiten sind deutlich eingeschränkt
die Schultern werden hochgezogen	Anspannung wirkt sich auf den Ausdruck aus und führt zu Verspannungen bei den Musizierenden
unruhiges „Herumwandern" am Pult	Die Musiker nehmen weniger Kontakt auf, da das Schlagbild schwerer zu erkennen ist
rhythmisches Einknicken in den Knien	Die „Eins" wird undeutlich, amateurhaftes Erscheinungsbild
bei Unterteilungen werden die Schläge gleich groß ausgeführt	Der Fluss der Musik wird gehemmt, zudem kann es dazu führen, dass die Musizierenden den Überblick über die Zählzeiten verlieren.
der Auftakt hat nicht das gleiche Tempo wie das anschließende Musikstück	häufiger Anfängerfehler, er führt dazu, dass die Musiker über das gewollte Tempo im Unklaren sind und recht bald die Führung selbst in die Hand nehmen.
den Kopf in der Partitur. R. Strauss: „Lieber die Partitur im Kopf als den Kopf in der Partitur"	kein guter Kontakt zu dem Ensemble.
„Mitschunkeln" zur Musik	das Schlagbild verliert an Deutlichkeit
Hilflosigkeit mit dem Taktstock	die Gestaltung der Musik leidet (siehe Kapitel „Der Taktstock", S. 25).
bei lang ausgehaltenen Notenwerten werden alle Zählzeiten groß ausdirigiert	Spannungsverlust
schleppt oder treibt ein Ensemble, versuchen viele Dirigenten durch Kraftanwendung wieder das Heft in die Hand zu bekommen	bewirkt häufig genau das Gegenteil, benötigt wird eine klare und lockere Zeichengebung

Die Programmgestaltung

Für den Erfolg eines Auftritts ist die Bedeutung eines sehr gut zusammengestellten Programmes viel entscheidender als allgemein angenommen wird. Der Ablauf des Konzertes sollte auf den Schluss ausgerichtet sein. Ist der Höhepunkt der Aufführung am Ende, so behalten die Zuhörer diesen Eindruck am ehesten und werden zu dem nächsten Auftritt gerne wiederkommen.

Allgemeines

Programme zu erstellen benötigt neben der Kreativität vor allem viel Zeit. Es lohnt sich für den Leiter allemal, diese Zeit aufzubringen. Ein Konzert sollte im Normalfall 60–90 Minuten reine Spieldauer beinhalten, wobei im Idealfall eine Pause das Konzert in ungefähr zwei gleich große Hälften teilt. Bei einem gut zusammengestellten Programm bleibt das Interesse des Publikums die ganze Zeit erhalten. Gut ist es, zu Beginn ein Stück zu wählen, das zwar einen Eröffnungscharakter besitzt, aber andererseits nicht so beeindruckend ist, dass die weiteren Werke davon erdrückt werden. Das Hauptwerk des Konzertes sollte in der zweiten Programmhälfte erklingen. Haben die Ausführenden einen bekannten Solisten als Gast, kann dieser auch in der zweiten Hälfte auftreten. Häufig werden Programme auch nach der chronologischen Folge ihrer Entstehung angeordnet. Das kann durchaus attraktiv sein, die Werke sollten jedoch gut (abwechslungsreich) aufeinander abgestimmt sein. Auch Programme, die einem einzigen Komponisten gewidmet sind, können sehr gut sein, diese müssen aber besonders sorgfältig ausgewählt und angeordnet werden. Die Kompositionen in einem solchen „Portraitkonzert“ müssen unbedingt genügend Abwechslung bieten, z. B. durch ihre Besetzung. Das gleiche gilt auch für „Themenkonzerte“ wie z. B. „Die See“ oder „Paris 1920“. Abwechslungsreich kann auch die Gestaltung sein, wenn die Besetzung stark variiert. Große Werke wie z. B. Oratorien sollten jedoch den einzigen Programmpunkt bilden.

Grundsätzliche Punkte bei der Auswahl eines Stückes

- ✓ *Die Bedeutung des Komponisten* bzw. auch des Bearbeiters. Nicht jedes Werk eines bekannten Komponisten ist ein „Meisterwerk“, dennoch haben auch die unbekannteren Kompositionen solcher Meister in der Regel eine hohe Qualität.
- ✓ *Der Ausdrucksgehalt eines Werkes.* Ist eine Komposition sehr expressiv, hilft sie den Ausführenden bei der Erarbeitung und Aufführung.
- ✓ *Verborgene Expressivität.* In manchen Werken liegt der Reichtum des Ausdrucks nicht sofort offen. Zum Teil erschließt sich eine Komposition erst nach längerer Beschäftigung, Übung und Analyse. Dann gewinnt dieses Stück für die Ausführenden von Probe zu Probe.
- ✓ Das Werk muss *handwerklich sehr gut gemacht* sein. Nur weil ein Stück für das Ensemble machbar ist, muss es noch längst nicht aufgeführt werden, wenn Zweifel an der Qualität bestehen.

- ✓ Natürlich darf bei der Planung nicht die *zur Verfügung stehende Probenzeit* vergessen werden. Die Ausführenden werden Ihnen sehr dankbar sein, wenn Sie es erreichen, ein passendes Programm zusammenzustellen und dabei am Ende der Proben noch Zeit bleibt. Versuchen Sie, „Überstunden" zu vermeiden! Erstellen Sie für sich selbst einen Probenplan.

Passend für die Ausführenden

Für die weitere Auswahl muss überlegt werden, zu welchem Zweck die Kompositionen dienen sollen. Zum Trainieren des „Vom Blatt"-Spiels, zur Vorbereitung der Aufführung oder zur Vervollkommnung der technischen Fähigkeiten?

Kriterien zur Auswahl eines geeigneten Stückes

A: Instrumentierung / Stimmenverteilung

Zuerst muss der Leiter kontrollieren, ob alle verlangten Instrumente oder, bei einem Chor, alle Stimmen auch vorhanden sind. Sind bei Teilungen z.B. genügend Tenöre im Chor oder Bratschen im Orchester vorhanden? Hierbei sollte man keinerlei Kompromisse eingehen, sondern lieber eine andere Komposition auswählen.

B: Schwierigkeiten der Parts, Fähigkeiten des Einzelnen

Welche Schwierigkeiten bereitet die Komposition (melodisch, harmonischer Kontext, rhythmisch, Tempo usw.)? Sind diese Schwierigkeiten eine Herausforderung oder führen sie zur Frustration? Eine gute Mischung ist hier wichtig. Zum Beispiel passt ein Werk, das schnell zu einem Erfolg führt, gut zu einer Komposition, die verstärktes Proben erfordert. Die meisten ausgewählten Stücke sollten jedoch sowohl einfache als auch anspruchsvollere Stellen enthalten. Dabei ist es sinnvoll, auf folgende Kriterien zu achten:

- ✓ *Anspruch an die Oberstimme.* Im Chor z. B. der Sopran, die erste Violine im Orchester oder die erste Trompete in einer Big-Band. Viele Ausführende haben insbesondere in den hohen Lagen ihre Grenzen. Nur mit sehr guten Mitwirkenden sollte der Leiter Werke aussuchen, die sehr hohe Lagen von diesen Stimmen verlangen.
- ✓ *Der Ambitus (Umfang) und die Lage.* Die Stimmen sollten für die Ausführenden angenehm zu musizieren sein. Wichtig ist zudem, ob die Tessitura (Lage) der Komposition über einen langen Zeitraum extrem ist (Chor).

Motivation des Ensembles

Wird das Ensemble das Werk lieben oder wird es daran lernen? Werden die Musizierenden die Musik (bei Vokalmusik auch den Text) verstehen? Wenn nicht, kann es durch Proben und weitere Hilfen die Komposition verstehen lernen? Idealerweise sollte das Ensemble durch die ausgewählten Werke wachsen und sein Niveau verbessern. Aber aufgepasst, die Grenze zur Frustration ist stets nah!

Das Publikum

Natürlich sollte das Programm auch dem Publikum gefallen. Das bedeutet nicht, dass man nur „Hits" aufführen sollte, aber das Publikum darf nicht ignoriert werden! Das heißt, dass in der Aufführung Musik erklingen sollte, die der Hörer kennt oder von der er weiß, was ihn erwarten wird. Daneben sollten aber auch Kompositionen erklingen, die für das Publikum neu sind und es sie somit kennen und vielleicht sogar lieben lernt. Der größte Fehler hierbei ist die Eintönigkeit. Abwechslung in Stil und Periode kann hier Abhilfe schaffen. Dabei ist aber wichtig, dass das Programm nicht beliebig ist. Ein übergeordneter Zusammenhang sollte gewahrt bleiben.

Das Publikum dient auch als Richtschnur für die Qualität einer Komposition. Viele Werke sind zu Recht in Vergessenheit geraten, da das Publikum meist einen erstaunlichen Sinn für die Qualität einer Komposition hat. Wenn ein Werk es nicht Wert ist, öffentlich gehört zu werden, dann ist es auch nicht Wert, geprobt zu werden. Dies bedeutet aber auch, dass nicht jede Komposition eines Konzertes ein „Meisterwerk“ sein muss.

Die Fähigkeiten des Dirigenten

Zuletzt sollte der Leiter an seine eigenen Fähigkeiten denken. Gerade bei diesem Punkt kommt es häufig zu Fehlern. Hierzu muss er sich selbstkritisch fragen: Was bereitet mir Schwierigkeiten? Wo fühle ich mich unwohl? Welche Art von Musik liegt mir nicht? Kann ich das selbst leisten? Zum Teil kommt es vor, dass ein Leiter schon immer einmal ein bestimmtes Werk aufführen wollte, wobei er dann aber so stark an seine Grenzen stößt, dass die Aufführung für die Zuhörer langweilig gerät. Dies passiert leider viel zu häufig. Es gibt für jedes Ensemble und auch seinen Leiter immer eine Vielzahl an Kompositionen, die ausgezeichnet geeignet sind, die Qualitäten aller Beteiligten zum Ausdruck zu bringen. Daher lohnt sich die zeitintensive Suche für alle Mitwirkenden und das Publikum, zumal die Recherche auch spannend sein kann und der Leiter dadurch ganz nebenbei seinen musikalischen Horizont bereichern wird.

Die Probe

Partiturarbeit

Die meisten Dirigenten haben ihre eigene Methode, in den Partituren Stellen zu kennzeichnen, die besondere Aufmerksamkeit erfordern. Auch Dirigenten, die in der Aufführung auswendig dirigieren, kennzeichnen während des Partiturstudiums meistens ihr Exemplar. Es sollte aber unbedingt vermieden werden, zu viel einzutragen und dadurch Gefahr zu laufen, dass die Partitur zu unübersichtlich wird und deshalb den wichtigsten Stellen nicht mehr die gebührende Aufmerksamkeit gewidmet wird. Vor allem sollen die Eintragungen behilflich sein, sich das Werk zu erarbeiten und in der späteren Phase dem Gedächtnis zu helfen, ähnlich den Fingersätzen beim Instrumentalspiel. Dabei sind zwei Dinge zu beachten, zum einen die Stellen, die markiert werden sollen, und zum anderen die Art der Markierung. Die Verwendung zu vieler Farben, z. B. für jede Gruppe des Klangkörpers, kann leicht zu Übertreibungen führen. Am einfachsten ist die Verwendung von Bleistift und einer oder zwei Farben. Zahlreiche Dirigenten benutzen Symbole. Diese sind besonders bei Einsätzen hilfreich, so wird z. B. häufig △ für die Triangel benutzt. Doch sollte jeder Leiter seine eigene Methode entwickeln. Die Beispiele zeigen zwei Partiturausschnitte, die von mir verwendet und eingerichtet wurden.

Häufig verwendete Markierungssymbole

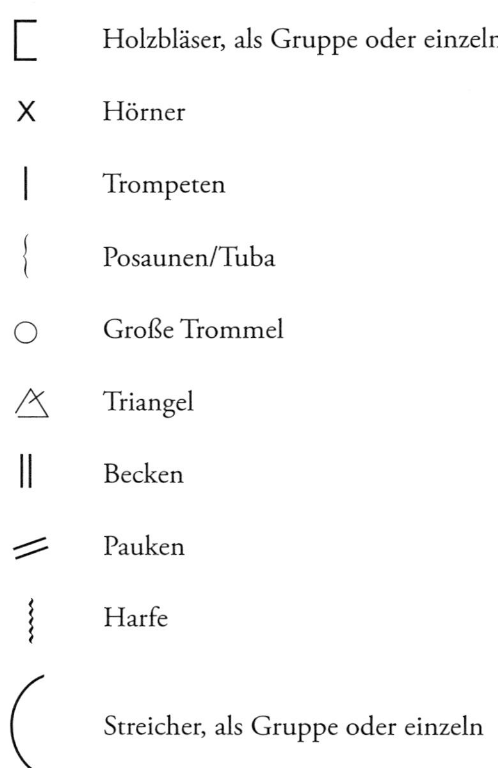

Sehen Sie sich an, wie bedeutende Dirigenten Partituren eingerichtet haben, z.B. unter http://archives.nyphil.org

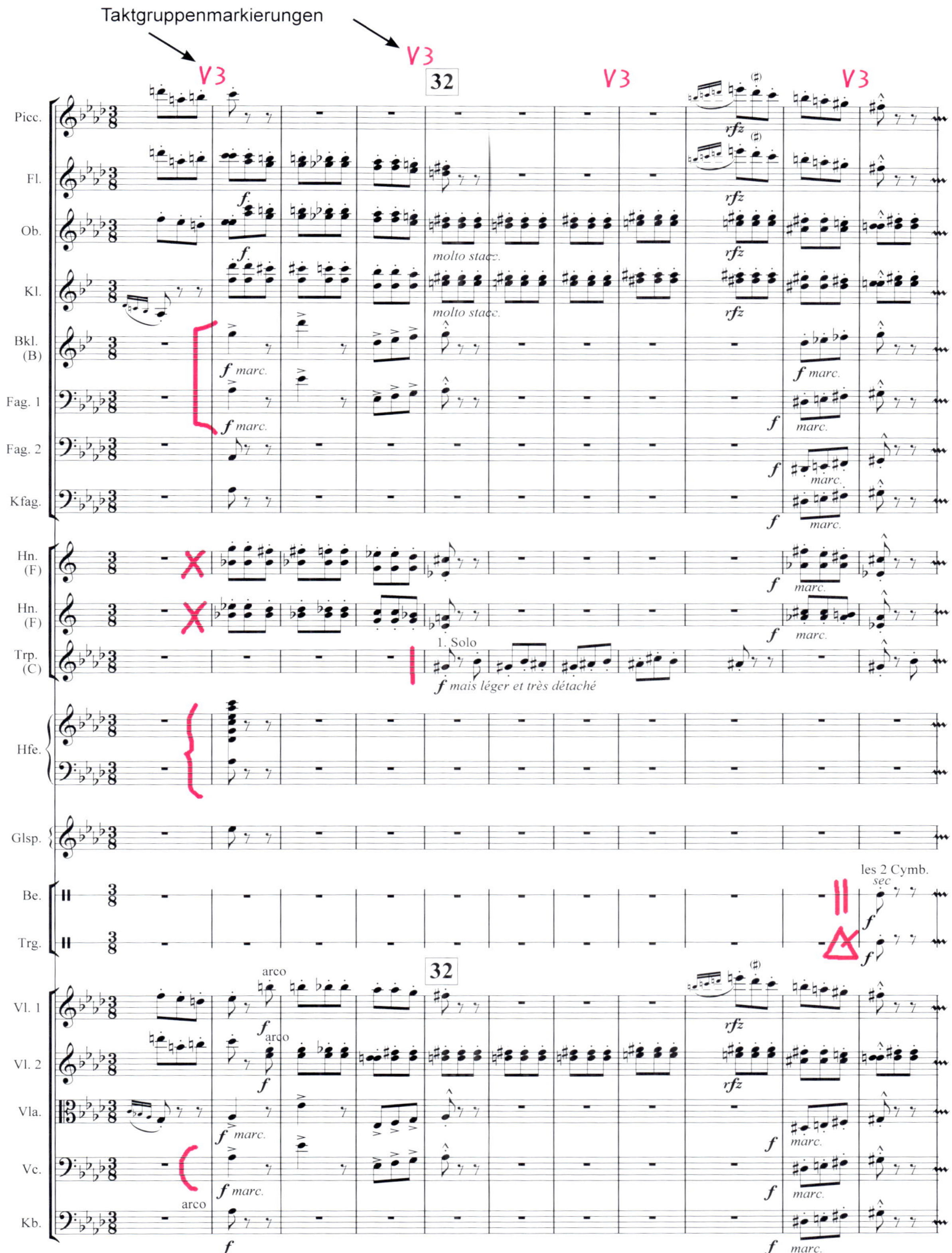

Dukas: Der Zauberlehrling, 4 Takte vor Ziffer 32 ff.

Stellen, die besonders gefährlich sind, sollten ebenfalls gekennzeichnet werden, z. B. mit einem Ausrufezeichen. Häufig sind in den Stimmen zu wenig Studierbuchstaben, es empfiehlt sich zusätzliche Buchstaben z. B. „B2" etc. einzutragen, am besten an besonders wichtigen Stellen, wo z. B. Schwierigkeiten zu erwarten sind oder Instrumente nach einer Pause wieder einsetzen. Die Studierbuchstaben müssen aber unbedingt mit denen in den einzelnen Stimmen übereinstimmen. Atemzeichen, Phrasierungen oder Bogenstriche sollten auf jeden Fall vor den Proben eingetragen werden. Man sollte sich nicht zu schade sein, im Vorfeld diese Dinge zu besprechen, so ist es z. B. sinnvoll, die Bogenstriche mit dem Konzertmeister vorab festzulegen. Der Leiter muss natürlich auch mit allen zusätzlichen selteneren Zeichen des Notentextes vertraut sein, um eventuelle Fragen der Musizierenden beantworten zu können. Dies gilt im Besonderen für die moderne Musik.

Auch Wiederholungen können zu Schwierigkeiten führen. Den Ausführenden muss klar sein, welche Wiederholungen ausgeführt werden. Bei den Proben sollte unbedingt so geprobt werden, dass die Sprünge bei Wiederholungen, insbesondere bei *da capo* oder *dal segno*, aber auch die Klammern am Ende einer Wiederholung, mitgeprobt werden und dadurch den Ausführenden besonders vertraut sind.

Vorbereitung der Probe

Auch wenn das Niveau der Klangkörper sehr unterschiedlich ist und auch der Leiter im Laufe der Zeit häufig mit den unterschiedlichsten Gruppen zu tun haben wird, so sollte eine Probe dennoch immer gut vorbereitet sein.

Es ist sehr hilfreich, die Stimmen vor der ersten Probe auszuteilen, da vor allem Instrumentalisten, die nicht so gute Vom-Blatt-Spieler sind, Zeit benötigen, um sich mit dem Notentext vertraut zu machen. Insbesondere die Spieler von Tasteninstrumenten müssen, da sie in der Regel sehr viel zu spielen haben (Orgelcontinuo!), die Noten frühzeitig erhalten. Die Proben, auch die erste, sollen schließlich dazu dienen, das Werk zusammenzuführen. Durch das frühe Austeilen der Noten können viele Stunden an Probezeit gespart werden.

Bevor die Stimmen ausgegeben werden, sollte man sie mit der Partitur vergleichen. Fehler in beiden treten öfter auf als man erwarten würde.

Zwei Arten von Fehlern treten am häufigsten auf:

1. Falsche Vorzeichen: diese lassen sich meistens leicht klären, wenn man in den anderen Stimmen nachsieht, ob dort das gleiche Vorzeichen steht. Ansonsten muss man die Harmonik analysieren und den richtigen Ton erschließen.
2. Die Phrasierung ist häufig unklar: das betrifft vor allem Bögen, wozu man am besten sämtliche Parallelstellen miteinander vergleicht.

Beim Kauf des Stimmenmaterials sollte man darauf achten, dass man ein Reserveexemplar behalten kann, falls einer der Musiker seine Stimme verliert. Aber dabei ist natürlich das Urheberrecht zu berücksichtigen. Kopieren von geschützten Werken ist illegal. Auch wenn der Komponist schon lange verstorben ist, so haben die Herausgeber und die Verlage viel Mühe investiert, gut lesbare Ausgaben herzustellen. Dies sollte respektiert werden.

Bevor die erste Probe beginnt, muss der Leiter die Werke, die erarbeitet werden sollen, so gut kennen, dass er eine klare Vorstellung davon und eine eigene Interpretation im Kopf hat, die er idealerweise erreichen möchte. Dabei spielt es keine Rolle, ob es sich um ein Oratorium, eine Sinfonie, einen Choral oder anderes handelt, oder auch, auf welchem Niveau musiziert wird. Schließlich sollte der Leiter das Werk im inneren Ohr haben. Solche Fertigkeiten können durch eine stetige Beschäftigung mit dem Werk, insbesondere mit dem Notentext, antrainiert werden. Hierbei kann auch ein Instrument zunächst sehr hilfreich sein, vor allem natürlich das Klavier. Auch Tonträger können nützlich sein, zumindest für die erste Beschäftigung mit dem Stück. Allerdings passiert es leicht, dadurch eine Interpretation zu kopieren, statt eine eigene zu erarbeiten. Bewahren Sie immer ein sehr kritisches Ohr bei Tonträgern. Kontrollieren Sie sich selbst bei dem Lernprozess des Notentextes, indem Sie z. B. versuchen, zunächst Abschnitte und später das ganze Werk stumm zu dirigieren. Man wird dann schnell feststellen, wo man das Werk noch nicht ausreichend kennt. Kontrollieren Sie sich selbst, z. B. am Klavier, ob Ihr inneres Ohr stimmt (Tonart). Auch ein Metronom und eine Stoppuhr sind nützlich, um die eigenen Tempi zu überprüfen. Gerade beim stummen Dirigieren neigt man dazu, zu schnell zu sein. Für das Finden des richtigen Tempos ist manchmal eine charakteristische Stelle aus der Mitte des Stückes sinnvoll. Auch wenn es zunächst vielleicht beschwerlich ist, werden Sie später durch Übung ein ganzes Werk vor dem inneren Ohr hören und automatisch in der richtigen Tonart sein. Hat man dann seine eigene Interpretation im Ohr, ist es nur natürlich, dass man zunächst enttäuscht ist von den Ergebnissen in den Proben und eventuell sogar vom Konzert. Aber auch die bedeutendsten Dirigenten erreichen selten die Idealfassung, die sie im inneren Ohr haben.

Die Probenarbeit

Allgemeines

Bereits in der ersten Probe sollte für eine angenehme Atmosphäre gesorgt werden. Das ist bereits durch ein paar einfache Dinge leicht zu erreichen: Versichern Sie sich, dass alle über die Probe gut informiert sind. Was wird geprobt (z. B. welche Teile des Werkes), welche Instrumente oder Stimmen werden für die Probe benötigt, welche Noten oder Zusatzmaterial (Notenständer, Dämpfer etc.). Wo und wann wird geprobt. Sorgen Sie für genug Licht, Stühle und Platz. Manche Musiker sollten schon vor der Probe anwesend sein, um aufzubauen, so z. B. Schlagzeug (wenn es mehrere Instrumente sind, wegen des Platzes und da sonst Unruhe entsteht) oder Musiker mit elektronischen Instrumenten (Soundcheck, Stromversorgung etc.). Am besten ist es natürlich, wenn dort geprobt werden kann, wo auch die Aufführung stattfindet. Wenn das erst in der letzten Probe der Fall ist, versuchen Sie schon in den vorherigen Proben die spätere Aufstellung zu berücksichtigen und in gleicher Aufstellung zu proben. Achten Sie darauf, dass alle gut sehen können und die Instrumente den Schall möglichst nach vorne bringen. Am praktikabelsten ist der Halbkreis, dabei sollten die großen Instrumente, wie z. B. Schlagzeug, Klavier, Kontrabässe etc. hinten stehen (siehe Kapitel „Sitzordnung", S. 56). Aber auch andere Punkte müssen beachtet werden, z.B., dass für Instrumente, die wie Violoncello und Kontrabass Stachel haben, der Boden dort nicht glatt sein darf. Daher sollten diese Instrumente Halter für den Stachel benutzen, ansonsten kann ein teurer Parkettboden schnell beschädigt werden. Auch das Kondenswasser von Blasinstrumenten, das die Spieler auf den Boden pusten, kann zu unschönen Überraschungen führen.

Es ist wichtig, die Proben bis zum Konzerttermin so zu planen, dass das Stück rechtzeitig zum Konzert beherrscht wird. Es darf nicht zu knapp sein, damit keine Panik oder Frust ausbricht, aber auch nicht zu großzügig, damit der Spannungsbogen gehalten werden kann. Planen Sie Proben ein, bei denen einfache Stimmen oder selten gebrauchte Instrumente nicht kommen müssen!

Stimmen

Eines der wichtigsten Elemente während des Probens ist die Intonation. Instrumentalisten müssen aufgrund der Temperaturänderungen und der sich ändernden Luftbedingungen während des Probens (z. T. auch während der Aufführung) nachstimmen. Hier ist besondere Sorgfalt zu verwenden. Manche Musiker sind hierbei leider etwas nachlässig. Natürlich wird zum Stimmen der Kammerton A benutzt, dieser ist aber nicht für jedes Instrument der beste Ton zum Einstimmen. Für Bläser wie z.B. Trompete, Posaune oder Saxophon eignet sich ein klingendes B besser. Wenn ein Instrument mit fester Stimmung, wie z. B. eine Orgel oder ein Klavier, mitspielt, muss unbedingt nach diesem Instrument gestimmt werden. Dabei ist es besonders für Streichinstrumente hilfreich, wenn der Spieler des Tasteninstrumentes außerdem einen d-Moll Akkord spielt, um so das D und A leichter stimmen zu können. Ansonsten wird nach dem Instrument mit dem klarsten Ton gestimmt.

Bei einem Orchester ist dies üblicherweise die Oboe, dann stimmen die Streicher, beginnend mit den Bässen. Die Celli kommen dazu, gefolgt von den Bratschen sowie zuletzt und alleine die Violinen. Während des Stimmens sollte es ruhig sein. Manche Musiker spielen während des Stimmvorgangs noch ein paar Stellen ihres Parts, das muss unbedingt unterbleiben. Um akkurat zu stimmen, sollten die Spieler in mittlerer Lautstärke und langanhaltenden Tönen stimmen. Unerfahrenere Spieler von Streichinstrumenten sollten dabei den ganzen Bogen verwenden. Unerfahrene Instrumentalisten benötigen manchmal Hilfe beim Stimmen, dabei kann neben dem Leiter auch ein erfahrener Instrumentalist hilfreich sein. Jeder Spieler muss unbedingt die Gelegenheit haben, in Ruhe zu stimmen. Ist beim Stimmen keine Oboe vorhanden, sollte nach einem anderen Holzblasinstrument gestimmt werden, nicht aber nach einem Blechblasinstrument. Sind keine Bläser besetzt, wird nach einer Solo-Violine gestimmt.

Nach den Streichern stimmen die Bläser, dabei ist zu bedenken, dass diese oft etwas Zeit benötigen, um ihr Instrument warm zu bekommen. Die Bläser sollten einer nach dem anderen stimmen. Häufig ist die Stimmung innerhalb eines Instrumentes variabel, daher kann man auch zwei oder drei Töne aus dem mittleren Register dieser Instrumente miteinander vergleichen. Beim Ansagen dieser Töne sollte man immer die transponierenden Instrumente im Blick haben und den Spielern sagen, welche Töne sie entsprechend zu spielen haben, z. B. wenn sie ein D vergleichen möchten, müssen Trompeten in B ein E spielen (s. Anhang). Wie oben bereits erwähnt, bieten sich zum Stimmen der Bläser ganz allgemein andere Töne als ein A an. Am besten ist in der Regel der Grundton des Instrumentes, also bei der Tuba ein F, bei einem Horn F oder B usw. In einem erfahrenen Orchester sollten jedoch auch die Blechbläser nach A stimmen, damit nicht zwei unterschiedliche Töne im Raum stehen. Je erfahrener das Ensemble, desto weniger muss der Dirigent eingreifen; dennoch ist darauf zu achten, dass das Stimmen diszipliniert geschieht.

Bei unerfahreneren Ensembles ist es manchmal gut, mit einer unisono gespielten Tonleiter oder einer bekannten, leichten Melodie zu beginnen, ohne dass dafür Noten benötigt werden. Dies kann helfen, aufeinander zu hören. Unterstützen kann man den Effekt, indem man mit der Dynamik spielerisch variiert oder die Instrumente des Ensembles in kleineren Gruppen abwechselnd spielen lässt. Hierbei ist von allen besonders auf die Intonation zu achten.

Noch zwei weitere allgemeine Hinweise: Es drückt den Respekt gegenüber den Musikern aus, wenn Sie möglichst alle mit Namen ansprechen. Bringen Sie außerdem immer genügend Bleistifte mit, sodass immer alle einen zur Verfügung haben, um sich Notizen in die Stimmen einzeichnen zu können. Bringen Sie immer wieder neue Stifte mit, da bei Proben seltsamerweise ein überraschender Schwund vorhanden ist.

Schwierige Stellen

Selbstverständlich wird ein Ensemble, das mit wenigen Unterbrechungen oder Frustrationen proben kann, schneller zu einem guten Ergebnis kommen.

Es ist daher wichtig, dass den Spielern schon früh deutlich wird, an welchen Stellen besondere Schwierigkeiten auftreten. Doch sollten diese Stellen nicht bereits in der ersten Probe ausführlich geprobt werden, sondern den Spielern muss Zeit für das individuelle Üben gegeben werden.

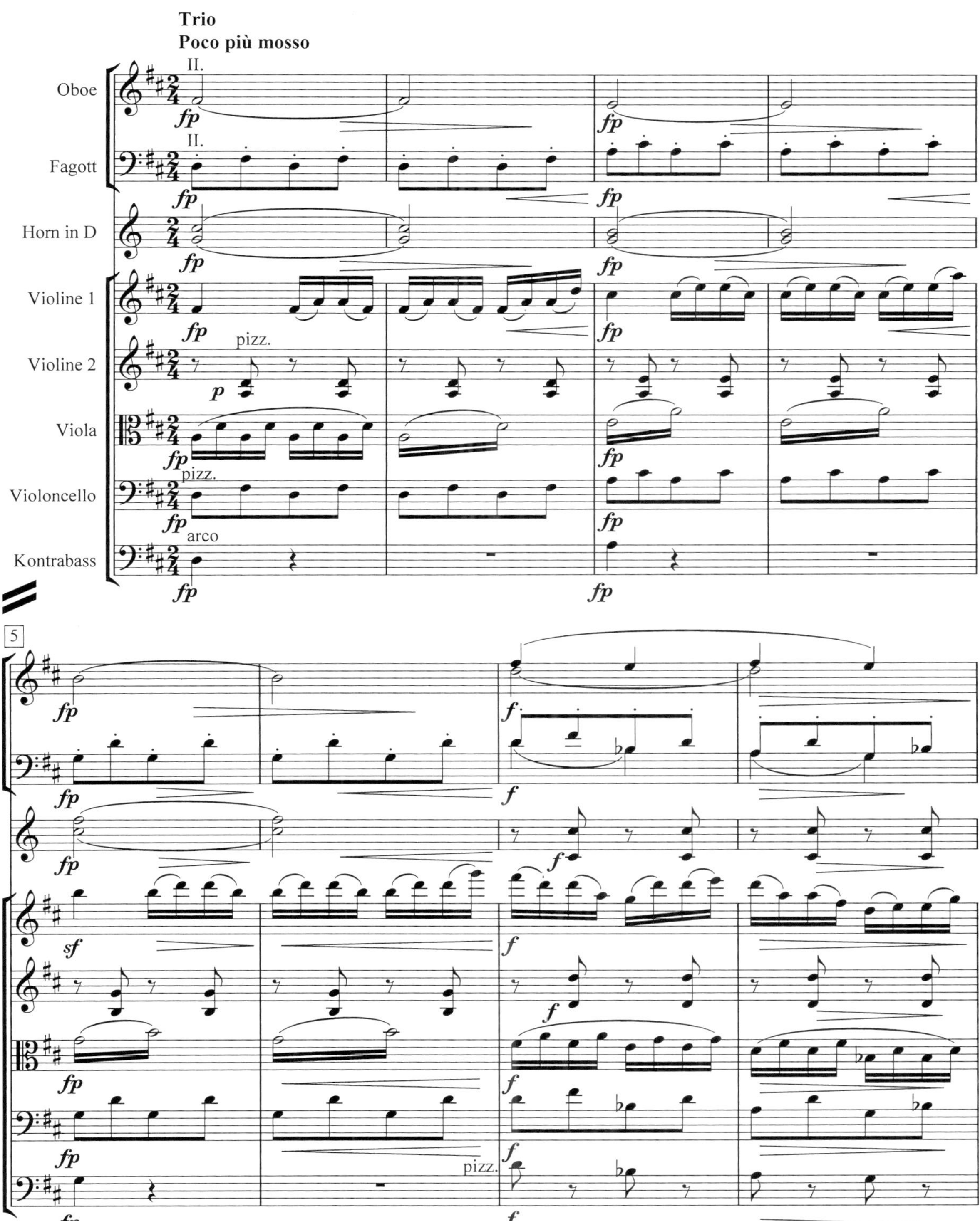

Dvořák: Tschechische Suite, 2. Satz, Trio, Beginn

Mit wachsender Erfahrung wird der Leiter immer leichter solche Stellen bereits während der Partiturerarbeitung erkennen. Manchmal ist es auch nur eine Stimme, die an einer ansonsten leichten Stelle schwierig zu spielen ist. Ein ausführliches Proben ist in einer der ersten Proben für die anderen Spieler und die probende Stimme dann eher demotivierend.

In dem Beispiel der vorhergehenden Seite ist die Violine 1 deutlich anspruchsvoller und benötigt in T. 6–8 ausführliche Proben!

Die musikalische Interpretation

Nachdem die richtigen Töne einstudiert wurden, beginnt der eigentlich kreative Prozess des Musizierens. Das Einstudieren der richtigen Töne geht aber teilweise mit der Arbeit am musikalischen Feinschliff Hand in Hand. Häufig ist trotzdem zu beobachten, dass der Leiter mit interpretatorischen Details die Musizierenden irritiert, da diese ihre eigene Stimme noch nicht sicher beherrschen. Das kann zu Frustration führen und kostet zudem Probenzeit. Deshalb sollte in der ersten Phase des Probens in erster Linie die Beherrschung des Notentextes im Vordergrund stehen.

Zunächst ist die Aufgabe eines Leiters die Koordination des Orchesters, Ensembles oder Chores. Das Publikum kann also von den Ausführenden Folgendes erwarten:

- ✓ die richtigen Töne in guter Intonation.
- ✓ deutliche und richtige Aussprache bei Vokalmusik.
- ✓ ein ausgewogenes Ensemble.
- ✓ ein gut vorbereitetes Ensemble, dem anzumerken ist, dass es die Schwierigkeiten meistern wird und sich auf die Aufführung freut.

Für diese Aspekte der Aufführung trägt der Leiter die Verantwortung. Den respektvollen Umgang mit den Musikern, den Zuhörern und den aufgeführten Werken ist er schuldig. Eine gute Darbietung beinhaltet jedoch mehr. Das Publikum und auch die Ausführenden werden der Aufführung mit mehr Anteilnahme folgen, wenn:

- ✓ die Musik rhythmisch lebendig vorgetragen wird.
- ✓ die Phrasierung ausdrucksvoll, zielgerichtet und logisch ist.
- ✓ die Aufführung Geist und Ausdrucksgehalt des Werkes lebendig werden lässt.
- ✓ die Ausführenden in der Musik und ihrem Anteil daran aufgehen und ihnen das Musizieren Freude bereitet.

Wie oben bereits beschrieben, greifen natürlich alle acht Aspekte ineinander. Eine alte Musikerweisheit sagt, dass eine gute Aufführung aus 1% Inspiration und 99% Vorbereitung besteht. Gerade die Orchester, Ensembles, Chöre etc., die besonders spontan, frisch und lebendig wirken, haben dafür viel Arbeit investiert.

Rhythmische Lebendigkeit

Das Tempo sollte sich neben dem Charakter und der Struktur des Werkes auch nach der Spielbarkeit besonders schwerer Stellen richten. Daneben sollten Temporelationen beachtet werden, auch die Akustik des Raumes ist zu berücksichtigen.

Wenn ein Ensemble rhythmisch unlebendig musiziert, sollte zunächst klargestellt werden, welche Betonungen in dieser Musik wichtig sind. Dabei ist es bei bewegterer Musik, die nicht richtig schwingen will, hilfreich, die Betonungen zu reduzieren. So kann es z.B. in einem schnellen Tempo wichtig sein, die Betonung nur auf jeden zweiten Takt zu setzen, wenn diese Musik auch nur zweitaktig angelegt ist.

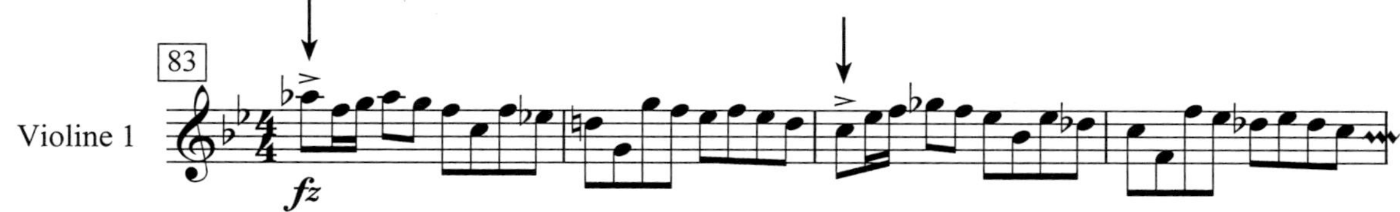

Haydn: Sinfonie Nr. 83 „Die Henne", 1. Satz: Allegro spiritoso, Violine, T. 83 ff.

Am häufigsten treten Schwierigkeiten bei langsamen Tempi auf. Das liegt daran, dass die Musizierenden oft noch kein Gefühl für die Phrasen haben und das Stück noch nicht in seiner Gänze erfassen. In den Proben hilft es, zunächst das Grundtempo etwas zu erhöhen, um dann in den späteren Proben Stück für Stück auf das Originaltempo herunterzufahren. Das erhöhte „Übetempo" sollte aber nicht so schnell sein, dass die Musiker nun anders atmen oder andere Striche benutzen müssen.

Für einen lebendigen Rhythmus ist es wichtig, dass die Artikulationszeichen konsequent eingehalten werden, also vor allem Bindungen, Staccati, Akzente usw. Insbesondere bei Musik des Barock fehlen jedoch diese Artikulationszeichen. Gerade die Bassstimmen werden in diesem Fall durch hinzugefügte Artikulation deutlich lebendiger.

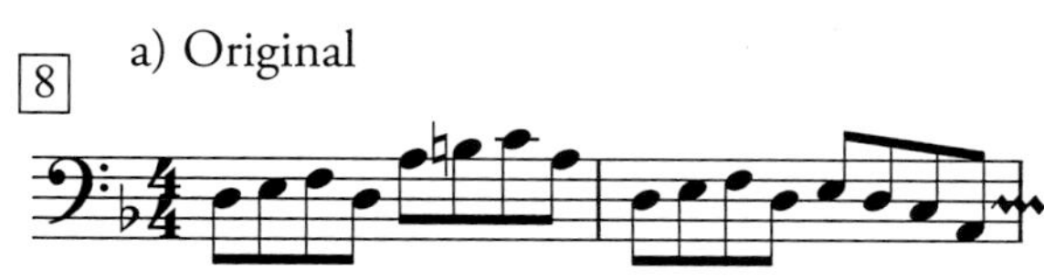

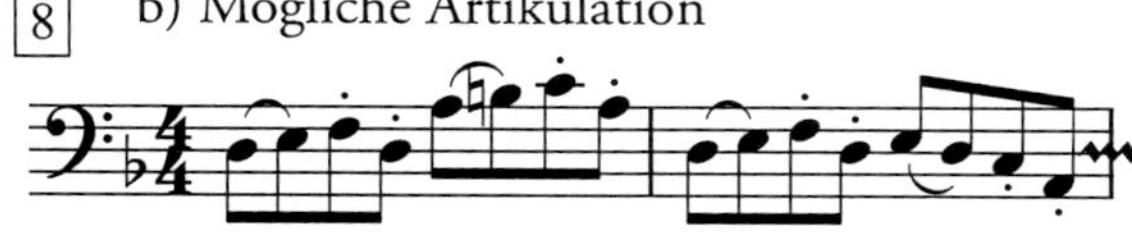

Händel: Wassermusik, Suite I, 4. Satz: Andante, Bass T. 8 ff.

Als Richtschnur gilt außerdem, je kleiner das Intervall, desto dichter ist es zu spielen.

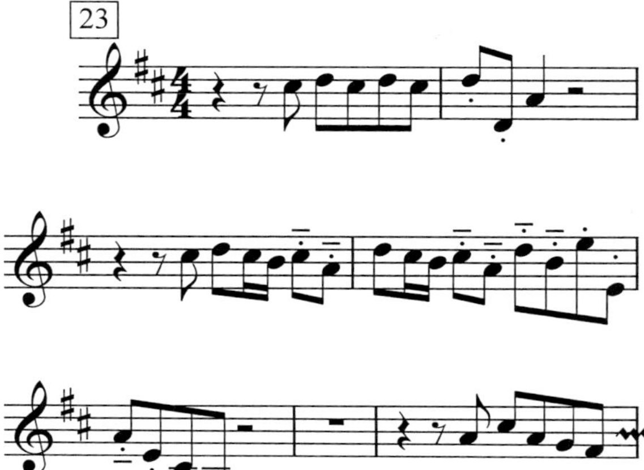

Händel, Wassermusik, Suite II, 1. Satz, Violine 1, T. 23 ff.

Manchmal ist es sinnvoll, den Rhythmus etwas zu schärfen, indem der Notenwert ein wenig verkürzt und eine entsprechende Pause eingefügt wird. Dies betrifft vor allem punktierte Notenwerte bei Musik aus der Klassik und z.T. auch noch Musik aus der Frühromantik.

a) Original

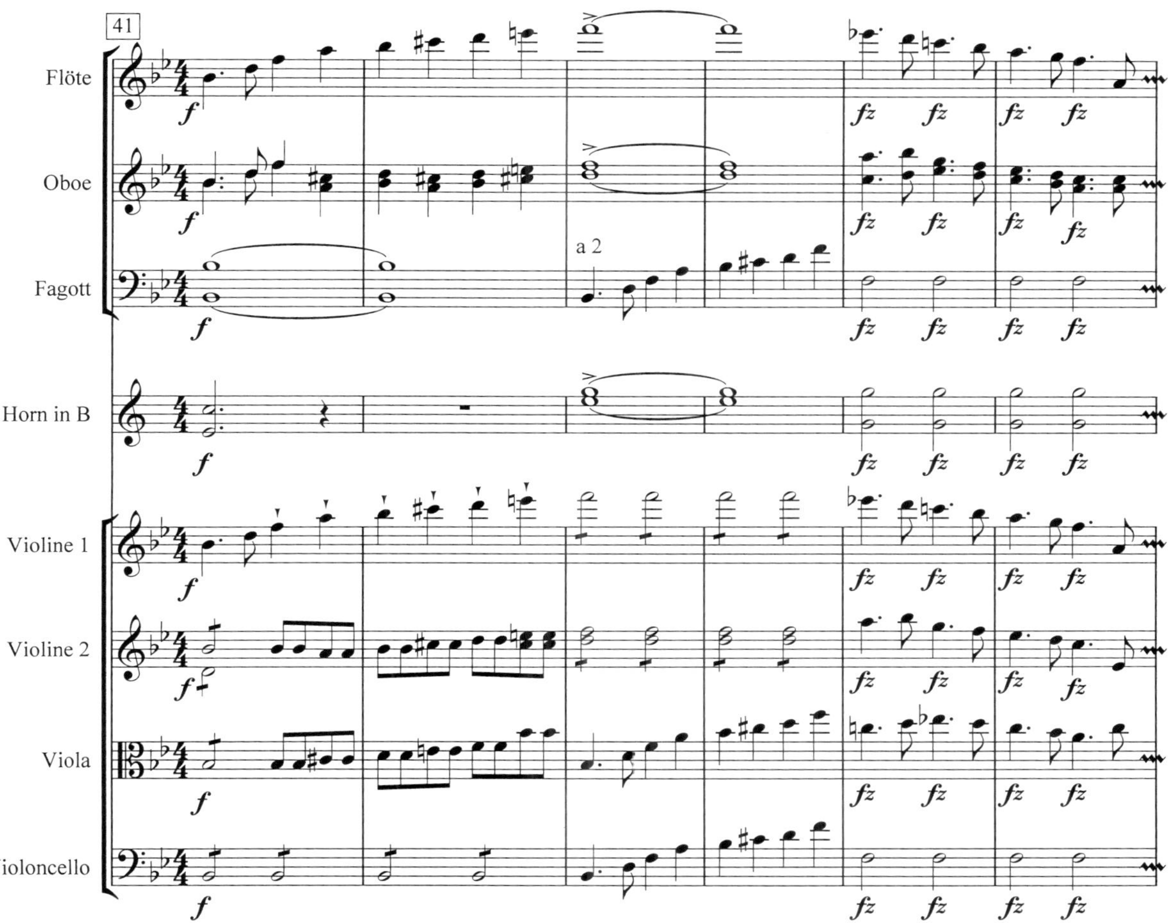

Schubert: Sinfonie Nr. 5, 1. Satz: Allegro, T. 41 ff.

b) Mit Pausen

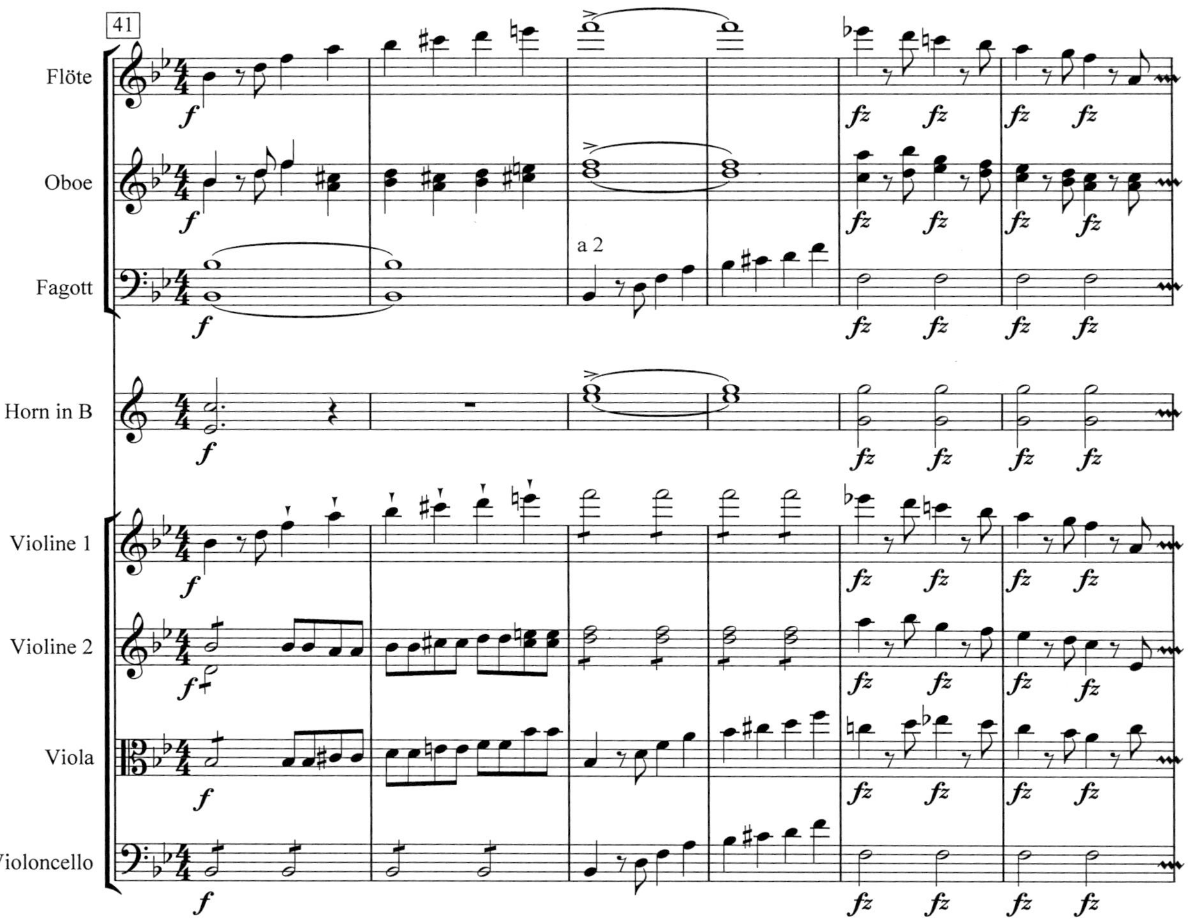

Schubert: Sinfonie Nr. 5, 1. Satz: Allegro, T. 41 ff.

In der Probenarbeit ist es teilweise sinnvoll, bei Passagenwerk den Rhythmus zu ändern, da

- ✓ die Schwierigkeiten sich z.T. verschieben.
- ✓ die Aufmerksamkeit erhalten bleibt und der Gefahr von Eintönigkeit des Passagenwerkes abgeholfen wird.
- ✓ der wieder original gespielte Abschnitt häufig lebendiger klingt.

a) Original

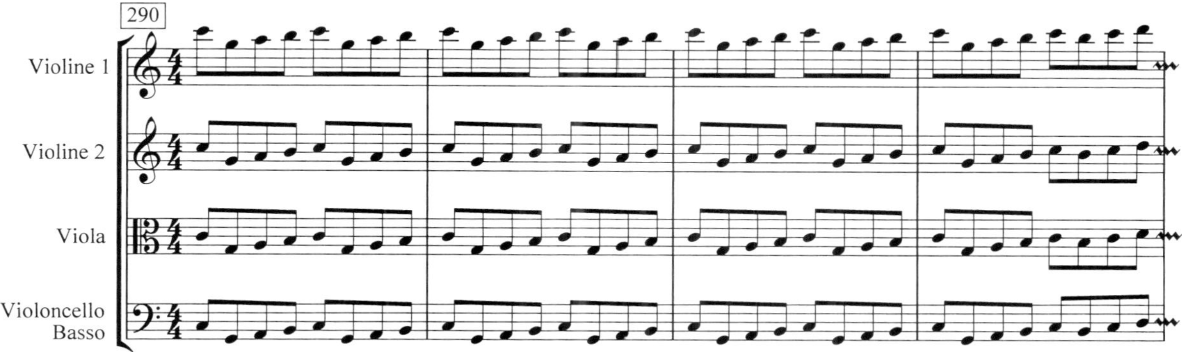

Rossini: „La scala di seta“, Ouvertüre: Allegro, T. 290 ff.

b) Mögliche Rhythmusvarianten

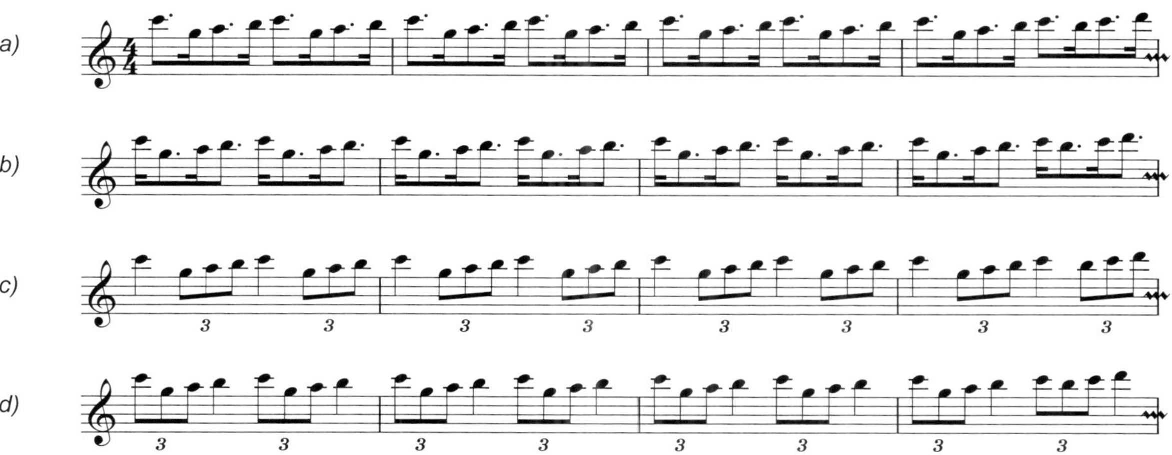

Bei stark kontrapunktischer Musik ist es wichtig, dass die einzelnen Stimmen konsequent in ihrer Artikulation bleiben. Dies führt zu einer klaren, durchsichtigen Struktur. Als Hilfe können alle oder mehrere Stimmen ihr Thema zuerst gleichzeitig spielen, um ihre Artikulation aneinander anzugleichen.

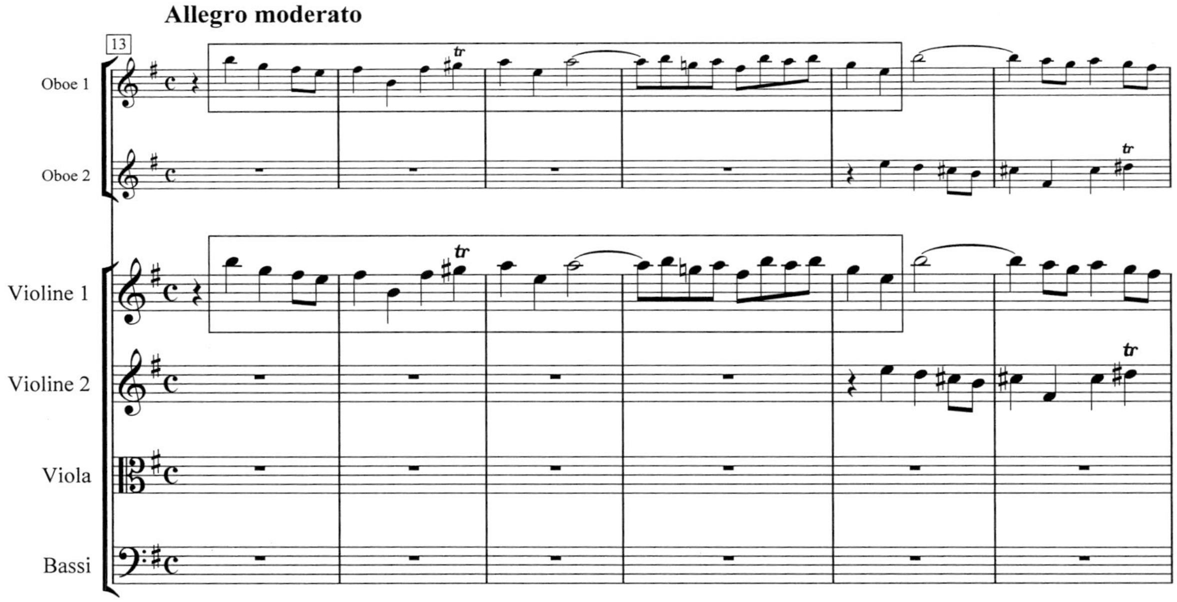

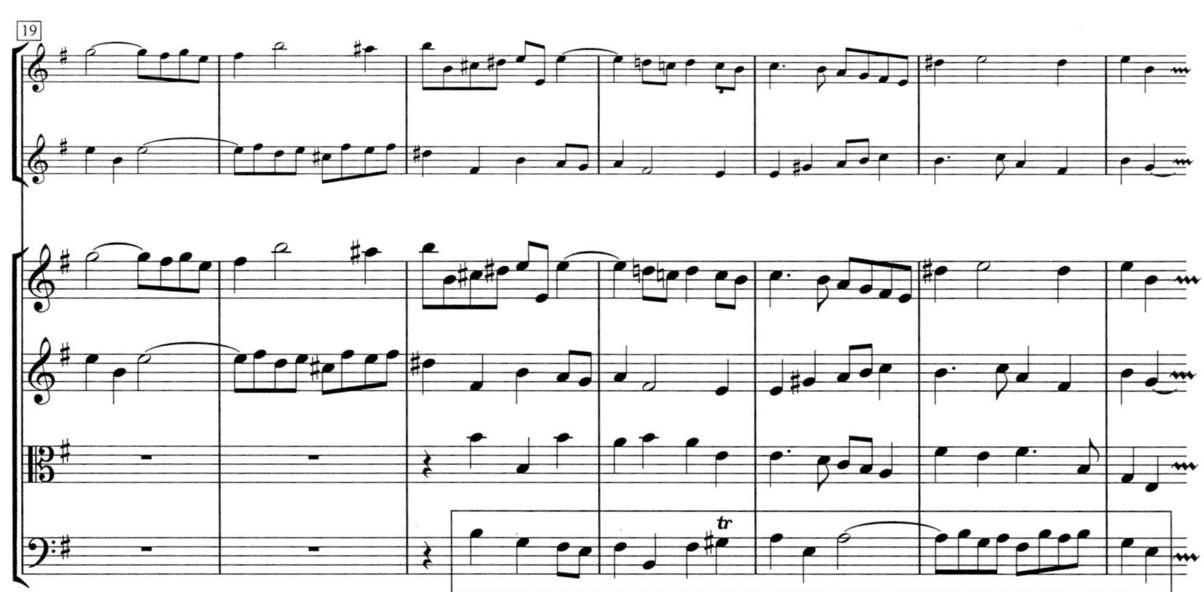

Händel: Messiah, Ouvertüre, T. 13 ff.

Zudem sollte sich jede Stimme zurückhalten, wenn die nächste einsetzt.

Bei rhythmischen Schwierigkeiten im Zusammenspiel ist es wichtig, den Musikern aufzuzeigen, wer zusammenspielt und quasi ein „Team“ bildet. Zunächst können dann erst einmal diese „Teams“ zusammen spielen, dabei lernen sie bei dieser Stelle besonders aufeinander zu hören.

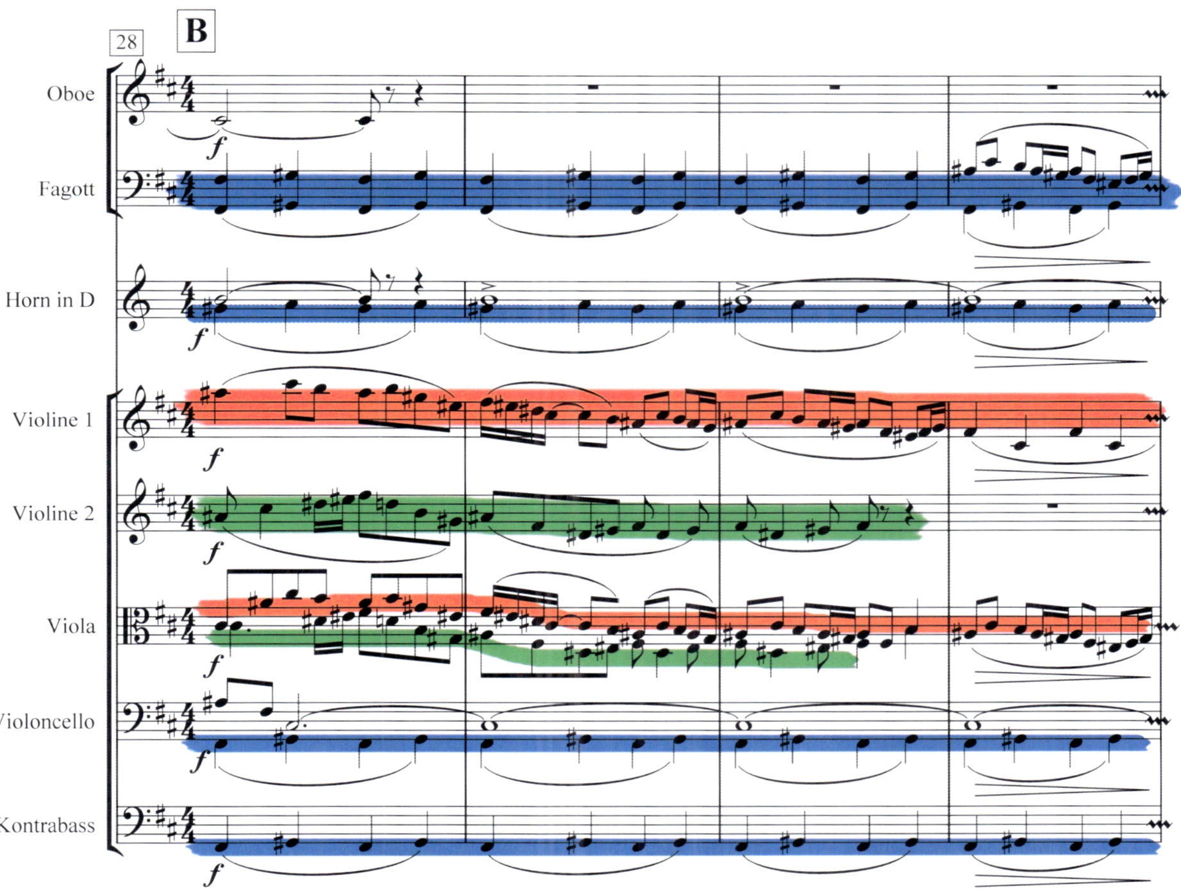

Dvořák: Tschechische Suite, 1. Satz: Praeludium, T. 28 ff.

Überbindungen führen häufig zu rhythmischen Problemen, meistens wird die Überbindung zu spät verlassen. Als Hilfe lässt sich solch eine Stelle proben, indem zunächst die Überbindung weggelassen wird. An der dadurch entstehenden Pause sollte nun ein Impuls eingefügt werden, z.B. ein Atmen oder das Neuansetzen des Bogens.

a) Original

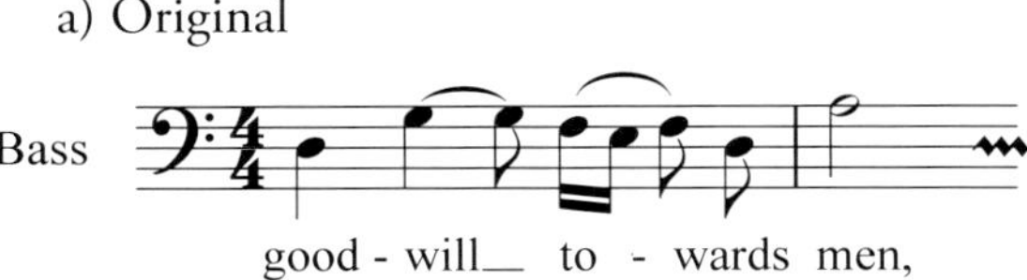

b) Mit Pause

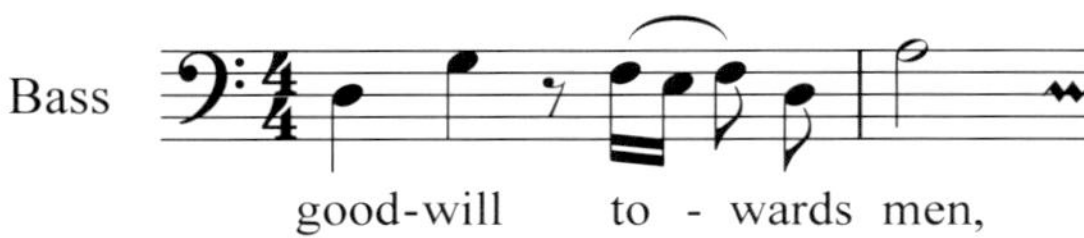

Händel: Messiah, Nr. 15 Chorus „Glory to God", T. 18 f.

Manchmal hilft es auch, auf der Bindung ein Crescendo zu machen, das auf der angebundenen Note seinen Höhepunkt erreicht.

c) Mit Crescendo

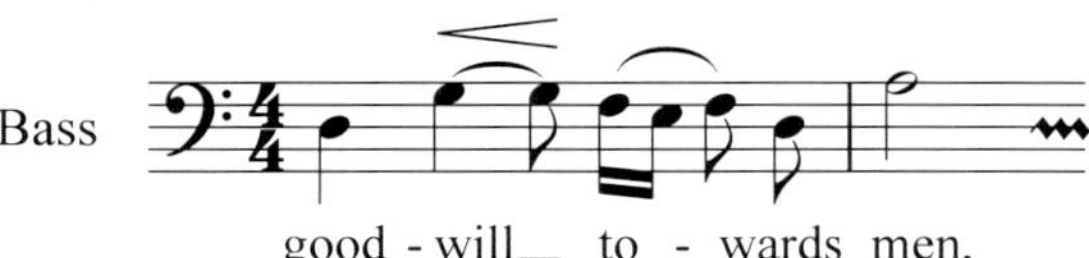

Balance und Phrasierung

Die Phrasierung dient zunächst dazu, die melodischen Linien in Spannung (Höhepunkte) und Entspannung zu strukturieren. Beim Gesang und bei Blasinstrumenten hängt die Phrasierung stark mit dem Atmen zusammen, bei Streichinstrumenten mit der Bogenführung. Allgemein lässt sich für alle Instrumente die Phrasierung am einfachsten erschließen, wenn man die Stimme singt. Der Verlauf einer Melodie und ihrer Spannungskurve ist nicht in den Noten gekennzeichnet. Am häufigsten verläuft diese Spannungskurve in Bogenform. Das bedeutet, die größte Entspannung besteht am Beginn und am Ende (siehe Beispiel Schubert, S. 51). Meistens besteht eine Melodie aus zwei oder mehreren solcher Bögen.

In mehrstimmiger Musik wechseln sich die Höhepunkte der Spannungskurve zwischen den einzelnen Stimmen oft ab (siehe Beispiel Dittersdorf, S. 51).

Gerade unerfahrene Ensembles haben große Schwierigkeiten, zur richtigen Balance zu finden. Der Leiter muss hier den Musizierenden folgende Punkte deutlich machen:

- ✓ wer hat die Begleitstimme und wer die führende Hauptstimme.
- ✓ wie ist die Phrasierung (der Spannungsverlauf) der Hauptstimme und welche der anderen Stimmen hat ähnliches melodisches Material.
- ✓ die Begleitstimmen sollten auf die Phrasierung der Hauptstimmen hören und sich dieser anpassen.

Bei einer durchdachten und gut ausgeführten Phrasierung und Balance wird die Musik natürlicher und lebendiger. Wenn den Musizierenden

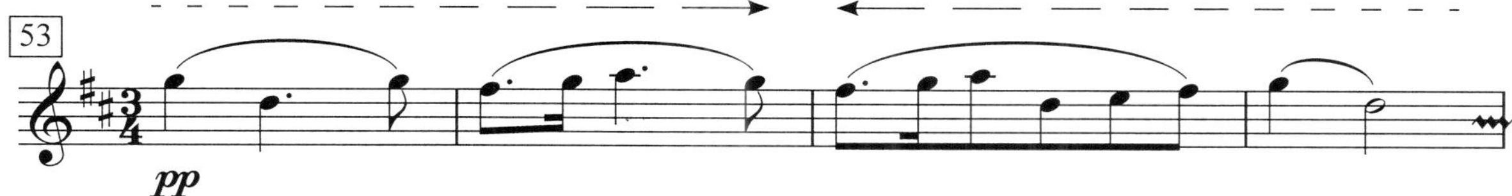

Schubert: Sinfonie Nr. 7 „Unvollendete“, 1. Satz: Allegro moderato, Violine 1, T. 53 ff.

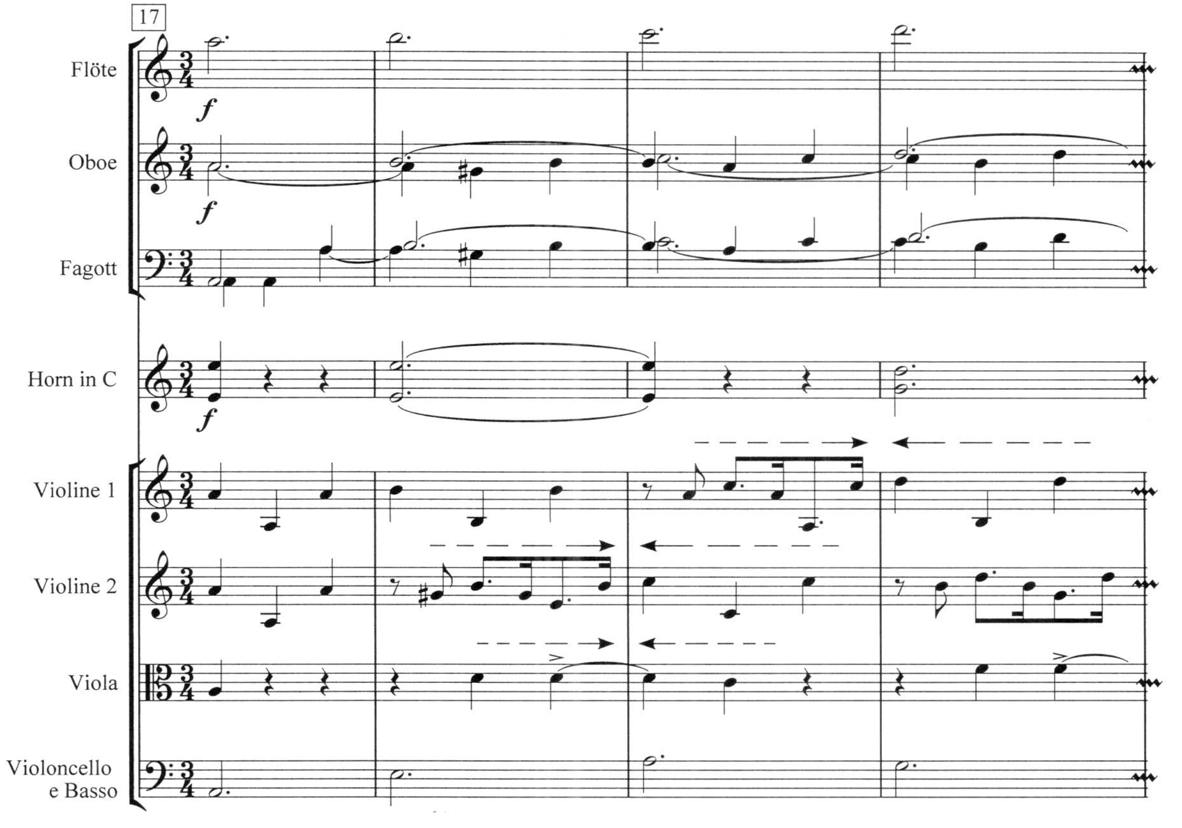

17
Flöte
f
Oboe
f
Fagott
Horn in C
f
Violine 1
Violine 2
Viola
Violoncello e Basso

Dittersdorf: Sinfonie „Die vier Weltalter“, 3. Satz: Menuetto con garbo, T. 17 ff.

die Phrasierung in Fleisch und Blut übergegangen ist und alle wissen, an welchen Stellen sie eher begleiten oder wichtiges melodisches Material haben, ergibt sich die Balance meist von selbst. Als Hilfe kann den Musikern die Anweisung „das Horn hat hier ein Solo“ oder an alle gewandt „hier führt die Klarinette“ dienen. Es wissen dann alle, wem sie besondere Aufmerksamkeit schenken müssen oder ob sie selber im Vordergrund stehen sollen. Zudem fühlen sich viele Musiker besonders angespornt, wenn sie wissen, dass sie an manchen Stellen die Führung übernehmen.

Trotzdem muss der Leiter die Balance im besonderem Blick behalten, insbesondere, wenn Stimmen oder Instrumente in ihren nicht so

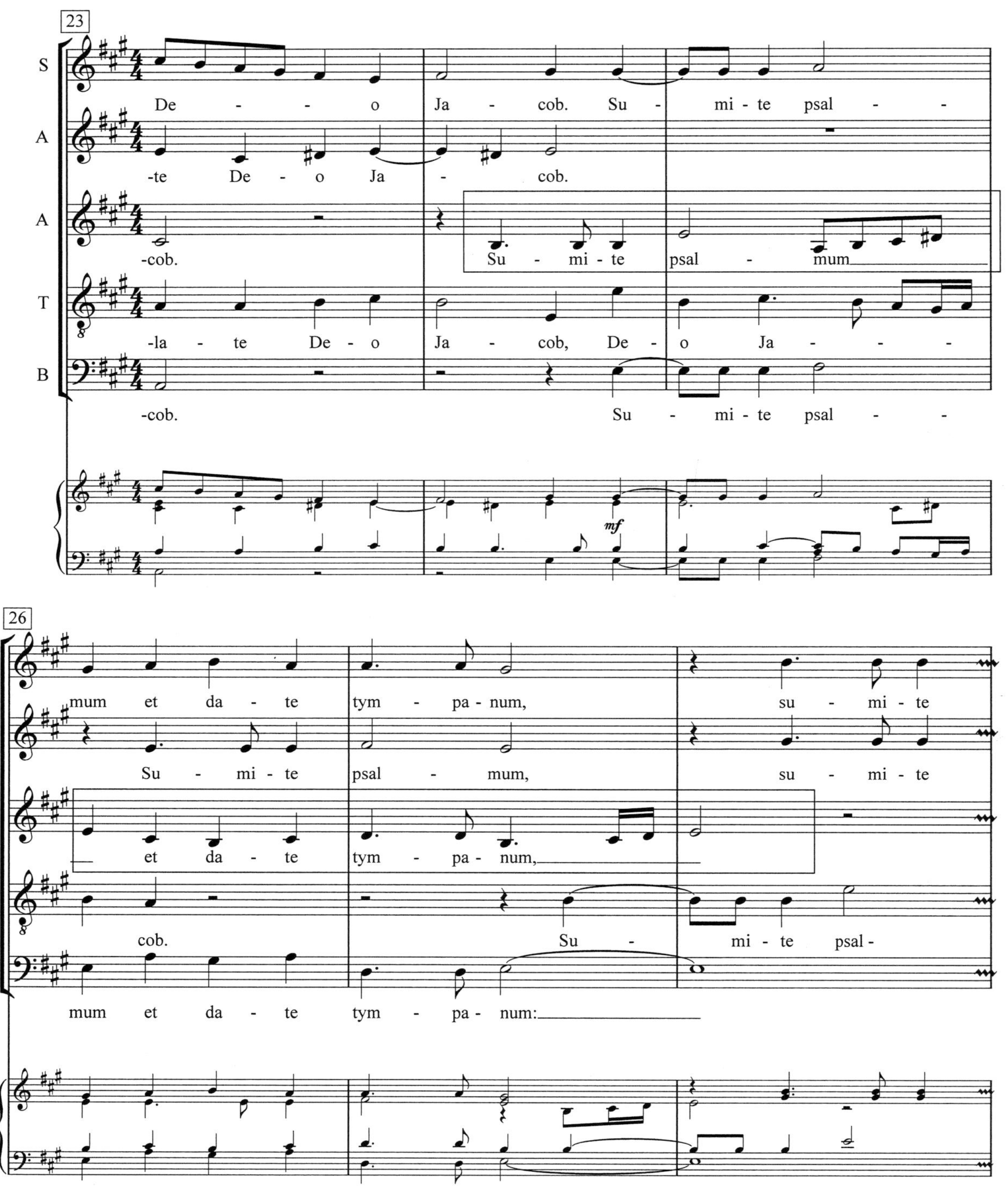

Palestrina: Exsulate Deo, T. 23 ff.

klangvollen Registern wichtige Hauptstimmen haben und zum Teil von den anderen Stimmen zugedeckt werden. Als Beispiel kann hier der Chor-Alt dienen, der nur schwer zu hören ist, wenn er tief liegt (s. Beispiel Palestrina, S. 52).

In der Wiener Klassik decken häufig lang ausgehaltene Noten in den Bläsern die wichtigen Stimmen zu. Hier sollte anstatt eines Forte ein Akzent mit anschließend zurückgenommener Dynamik gespielt werden.

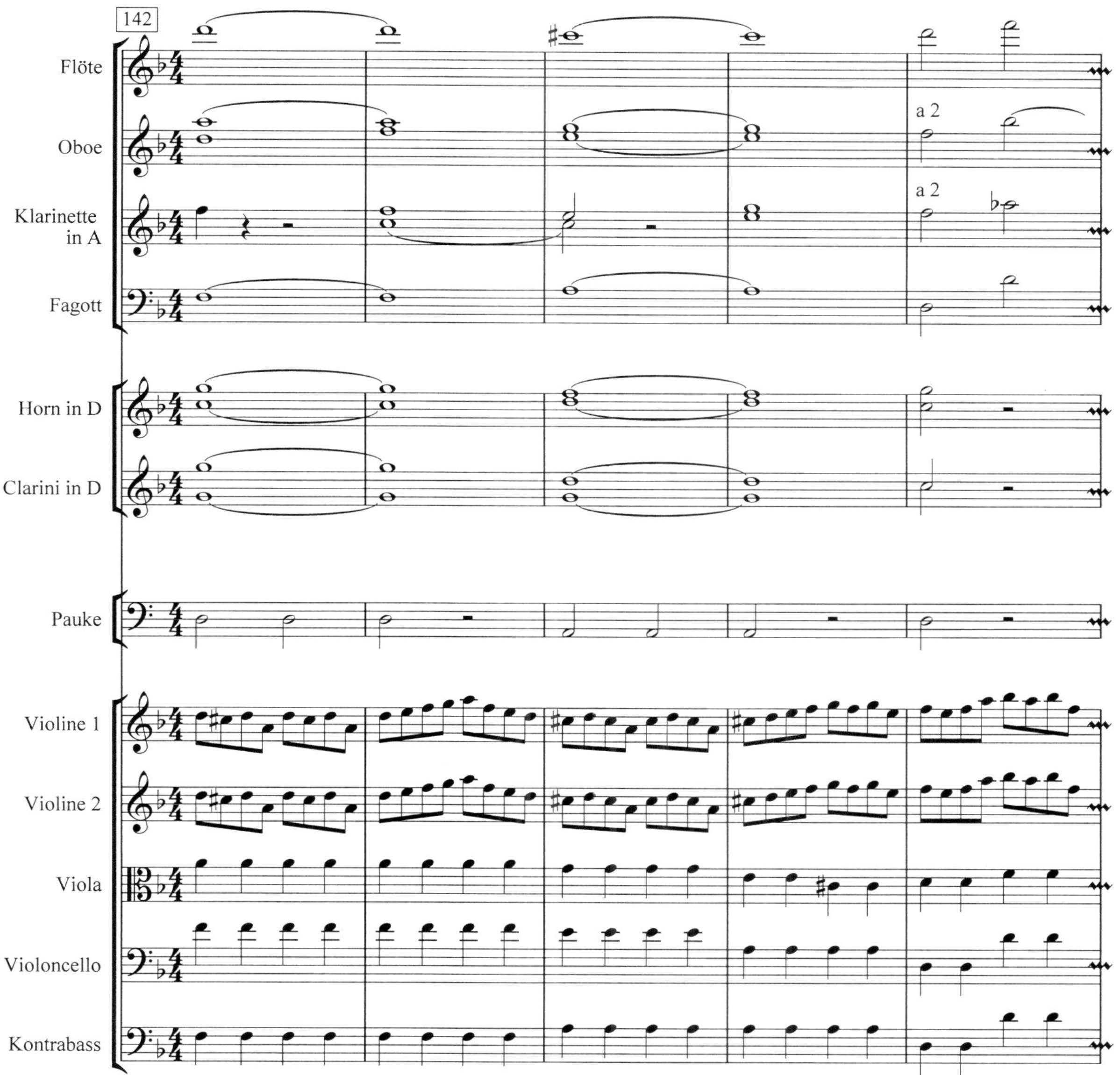

Haydn: Sinfonie Nr. 101 „Die Uhr", 4. Satz: Finale. Vivace, T. 142 ff.

Die Dynamikangaben sind relativ und hängen von dem Charakter, dem Raum, der Besetzung bzw. der Instrumentierung ab. Ein Forte bei Mozart, der als Steigerung nur noch Fortissimo verwendete, bedeutet in Relation etwas anderes als bei Tschaikowsky, der bis zu *fffff* geht. Wichtig ist auch die Entwicklung innerhalb der Dynamik, in die der Leiter manchmal etwas eingreifen muss. Zeitweise findet man die Angabe *f*<*f*. Hier kann man das erste Forte etwas zurücknehmen, um ein Crescendo zu ermöglichen. Generell wird mit der Dynamik oft nicht genau gearbeitet, so wird aus einem Forte schnell einmal ein Fortissimo oder zwischen Pianissimo und Piano wird nicht unterschieden.

Ganz allgemein ist bei der Balance auf die Blechbläser zu achten, dabei hilft es schon, ihnen nicht mit besonders auffordernden Gesten einen Einsatz zu geben, sondern nur mit einem kurzen Blick. Auch das Klavier als Ensembleinstrument ist oft zu laut, daher sollte man ausprobieren, wie weit der Deckel eines Flügels geöffnet werden kann.

In den Endproben und am Ort der Aufführung ist es wichtig, dass der Leiter die Balance von charakteristischen Stellen im Saal abhört. Er kann z.B. bei einem Solo überprüfen, ob es von den anderen Stimmen nicht zugedeckt wird, oder ob der Gesamtklang bei einer lauten Tuttistelle ausgewogen ist. Auf der Bühne kann es mitunter völlig anders klingen. Vor allem wenn der Leiter noch wenig Erfahrung hat, wird er feststellen, dass die Balance im Saal eine ganz andere ist als an seinem Pult.

Ausdrucksgehalt

Wie bereits zu Beginn des Kapitels beschrieben, ist es natürlich absolut notwendig, dass alle technischen Schwierigkeiten gemeistert werden. Dennoch ist eine Aufführung, die ein paar kleine Unregelmäßigkeiten aufweist, aber den Geist des Werkes eindringlich dem Publikum vermittelt, einer technisch perfekten vorzuziehen, die aber den Ausdruck der Komposition nicht lebendig werden lässt.

Ferner sollte in der Aufführung die Hingabe an das Werk, Energie und ein gutes Miteinander, das von innerer Übereinstimmung getragen ist, spürbar werden. Diese Übereinstimmung hängt auch von der Übertragung des Ausdrucksgehaltes durch den Leiter auf das Ensemble ab. Hilfreich sind manchmal programmatische Titel oder Hinweise wie „solenne" oder ähnliches. Doch häufig ist der Ausdruck nicht so deutlich und es sind mehrere Wege denkbar.

Nützlich ist es hierbei, sich die Funktion der Musik klarzumachen. War sie ursprünglich zum Tanzen gedacht oder für einen feierlichen Anlass etc.

Der Leiter muss sich daher auch über das Umfeld der Komposition informieren, also über die Entstehung und Rezeption des Werkes sowie verwandter Werke der Zeit und anderer Kompositionen des gleichen Komponisten, um dessen Personalstil kennen zu lernen. Zu einer gelungenen Aufführung gehört die intellektuelle Durchdringung genauso wie die reine emotionale Auffassung. Manchmal ist es hilfreich, insbesondere bei weniger erfahrenen Ensembles, den Ausdruck eher zu beschreiben. Die Beschreibung sollte den Ausdruck möglichst präzise treffen. Anstatt einfach nur von „fröhlich" oder „traurig" zu sprechen, helfen manchmal anschauliche Bilder. Diese sollten aber kurz und bündig erzählt werden. Z.B.: „wie die Erinnerung an ein schönes Fest" usw. Gerade bei jungen Menschen helfen Bilder, die kleinen Filmszenen entsprechen.

Mit solchen Hilfen sollte man aber sparsam umgehen, sie können sich schnell abnutzen. Die

Musizierenden haben teilweise auch andere Bilder vor Augen. Aber auch wenn sich die Musik nicht in Worte fassen lässt, so muss allen Beteiligten doch klar sein, dass sie etwas ausdrücken soll und die Musizierenden mit dem Publikum kommunizieren.

Stück für Stück sollte dem Musiker die eigene Stimme klarer werden. Die Technik, Klangfarbe, Dynamik, Phrasierung, Balance, Tempo, Ausdruck usw. Einige Punkte sollten auf jeden Fall von jedem festgehalten werden oder am besten schon vor dem Austeilen in den Stimmen eingetragen sein, ansonsten wird man viele Punkte immer wieder besprechen müssen.

Besuchen Sie möglichst häufig Proben oder noch besser, wirken Sie selbst mit! Beobachten Sie dabei genauestens den Dirigenten. Seien Sie kritisch und analysieren Sie für sich selbst, an welchen Fehlern der Dirigent und hierbei vor allem sein Dirigat die Ursache dafür war. Doch bleiben Sie dabei immer respektvoll und geben, wenn Sie mitwirken, immer Ihr Bestes! Nehmen Sie außerdem an Dirigierkursen teil. Hier lernen Sie, neben der Anleitung durch den Kursleiter, auch sehr viel durch die Beobachtung der anderen Kursteilnehmer.

Sitzordnungen

Orchester

Durchgesetzt hat sich folgende Sitzordnung:

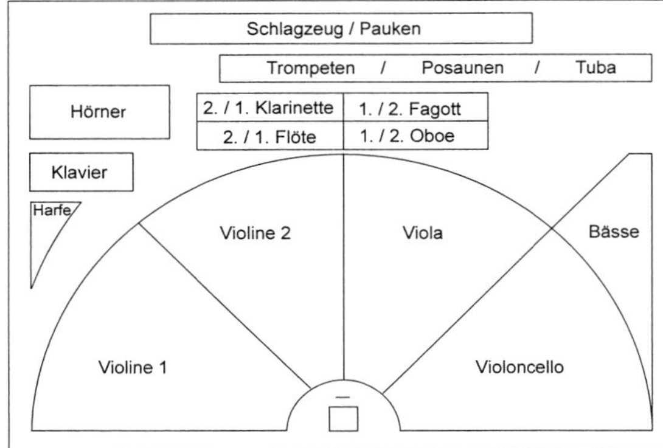

Abbildung Orchester

Der Vorteil dieser Sitzordnung ist, dass die Bratschen guten Kontakt zu den zweiten Geigen und den Celli haben, da die Bratschen häufig mit diesen Stimmen zusammen geführt werden. Zudem haben die Celli guten Kontakt zu den Bässen. In manchen Werken der Wiener Klassik ist es reizvoll, dass die beiden Geigengruppen sich gegenüber sitzen. Allerdings erschwert es das Zusammenspiel, vor allem bei parallel verlaufenden Passagen. Daher sollte diese Sitzordnung nur bei *sehr guten* Musikern gewählt werden. Die Holzbläser sitzen am besten in einem Viereck, wobei die 1. Flöte neben der 1. Oboe und dahinter die 1. Klarinette neben dem 1. Fagott platziert wird. Variiert die Besetzung der Bläser im Verlauf eines Konzertes, sollte diese bei kleineren Besetzungen (z.B. nur Oboen und Hörner) unbedingt zusammenrücken und nicht auf ihren vorigen Plätzen verbleiben! Während der Proben sollte möglichst die gleiche Sitzordnung wie im Konzert eingenommen werden.

Blasorchester

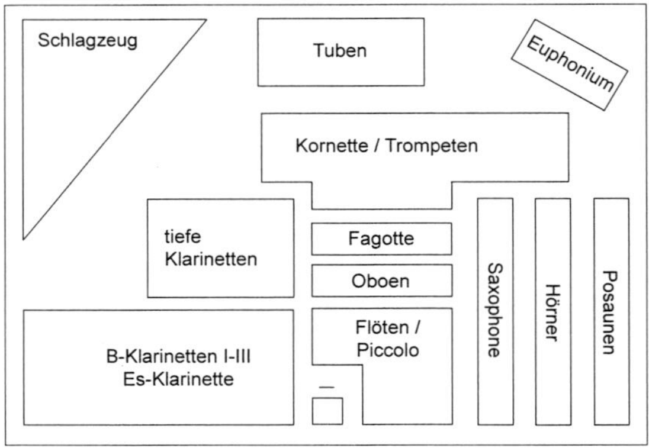

Abbildung Blasorchester 1

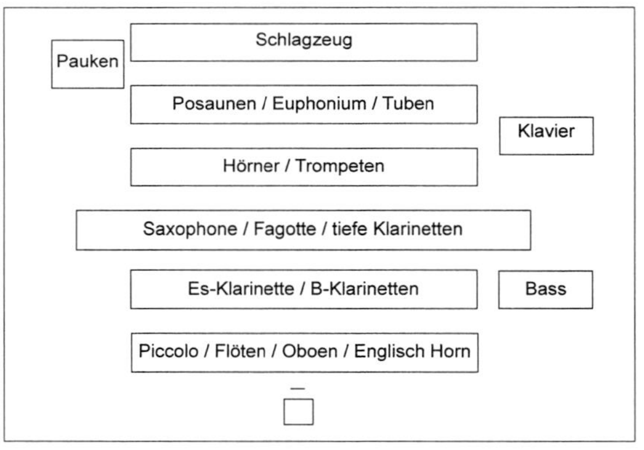

Abbildung Blasorchester 2

Es gibt eine große Vielzahl an Möglichkeiten, die Mitwirkenden eines Blasorchesters zu platzieren. So bevorzugen es manche Leiter, alle Blechbläser zusammenzufassen oder alle tiefen Blasinstrumente in eine Gruppe zu setzen. Da insbesondere in einem symphonischen Blasorchester die Kompositionen sehr verschieden sind, sollte auch die Sitzordnung nicht immer beibehalten werden. Wie im Orchester auch, sitzen die Instrumente, die häufig die Melodieführung übernehmen (hier die Klarinetten), zur Linken des Leiters.

Chor

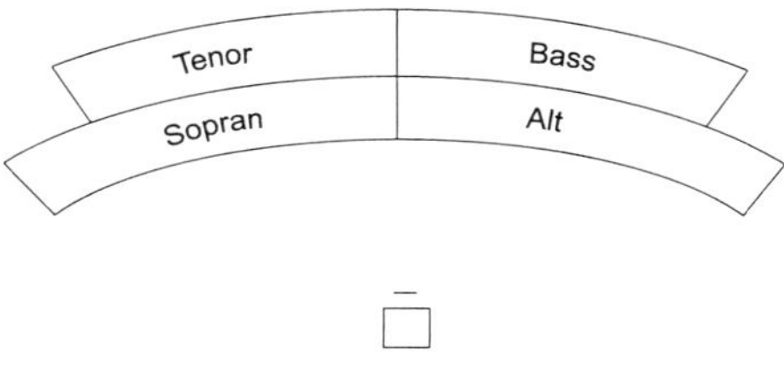

Abbildung Chor I

Viele Chorleiter bevorzugen diese Aufstellung, sofern genügend Männerstimmen vorhanden sind. Sie eignet sich besonders gut, weil sich in den meisten Chorkompositionen die Soprane und Tenöre sowie die Altstimmen und die Bässe in der Stimmführung und Harmonik ergänzen. Am besten ist es, den Chor nach hinten stufenweise zu erhöhen.

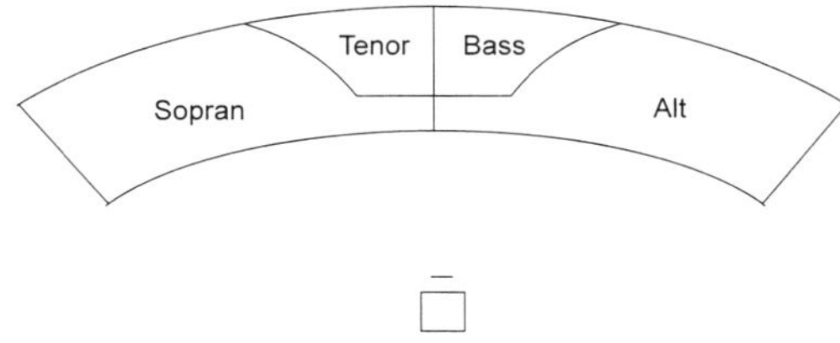

Abbildung Chor II

Diese Aufstellung empfiehlt sich für Chöre in denen (wie so oft) die Frauenstimmen in der Überzahl sind. Hier haben sowohl die Frauenstimmen, aber vor allem auch die Männerstimmen guten Hörkontakt. Dieses Arrangement ist auch gut geeignet in der Verbindung mit einem Orchester. Auch hier sollte der Chor stufenweise erhöht werden.

Chor und Orchester

Eine häufig gewählte Aufstellung ist diese:

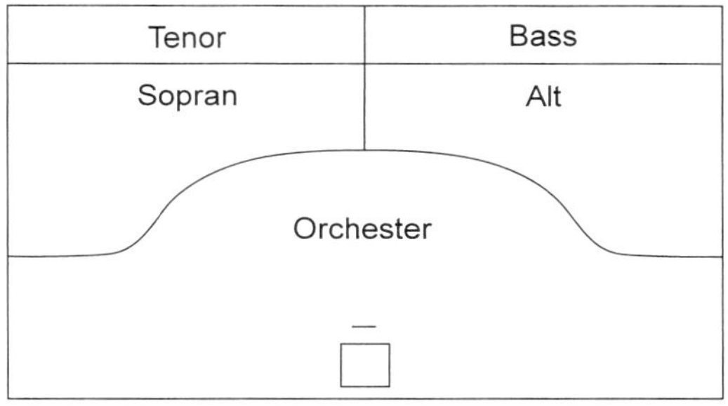

Abbildung Chor und Orchester

Sie empfiehlt sich besonders, wenn das Orchester größer besetzt ist.

Entgegen der üblichen Orchesteraufstellung (siehe oben) ist es manchmal hilfreich, die Trompeten und Posaunen nicht im Orchester hinten zu platzieren, sondern an den Seiten, damit sie nicht direkt in das Publikum blasen und damit den Chor nicht so leicht überdecken können.

Die Aufführung

Allgemein

Keine Probe kann den Moment der Aufführung heraufbeschwören. Wenn alle Mitwirkenden so weit vorbereitet wurden, dass jeder versteht, was der Leiter erreichen möchte, dann bringt die Aufführung für gewöhnlich eine zusätzliche positive Spannung und alle Beteiligten werden sich noch einmal steigern können. Neben der Musik sollte aber für eine gelungene Aufführung auch anderes beachtet werden, damit allen, den Musikern und dem Publikum, die Darbietung Freude macht.

Am Tag der Aufführung sollte der Leiter eine große Gelassenheit und Ruhe ausstrahlen, egal wie es in seinem Inneren wirklich aussieht. Insbesondere bei Amateuren und jungen Menschen ist es wichtig, dass der Leiter eine beruhigende und selbstbewusste Ausstrahlung auf die Mitwirkenden hat. Am Tag der Aufführung sollte es unbedingt im Saal eine kurze Probe geben. Dabei ist darauf zu achten, dass noch genügend Zeit vor dem eigentlichen Auftritt bleibt, damit die Mitwirkenden sich regenerieren können. Diese letzte kurze Probe sollte dazu dienen, die Anfänge zu wiederholen und in Erinnerung zu rufen, sodass das Ensemble sich wohlfühlt. Keinesfalls sollte irgendetwas, z.B. das Tempo, drastisch verändert oder die Stücke durchgespielt werden. Der Abschluss dieser Probe darf nicht demoralisieren, sondern soll bewirken, dass die Mitwirkenden sich auf die bevorstehende Aufführung freuen.

Für das Publikum ist auch der optische Eindruck entscheidend. Dem Ensemble sollte man die Freude und positive Spannung ansehen. Die Zuhörer registrieren sofort nervöse oder gelangweilte Mitwirkende. Den Musizierenden sollte verdeutlicht werden, dass dieser optische Eindruck sehr wichtig ist. So muss idealerweise nach einem Stück für einen Moment die Spannung aufrecht erhalten werden, das wird zurecht auch vom Leiter erwartet. Also kein lautes Herumhantieren mit den Noten oder sofortiges Ablegen von Instrumenten etc.

Der Ablauf der Aufführung sollte jedem Beteiligtem klar sein. Folgende Punkte, obgleich eigentlich selbstverständlich, müssen daher beachtet werden:

Vor der Aufführung

- ✓ Vor der Aufführung sollte der Leiter überprüfen, ob auf der Bühne alles in Ordnung ist. Sind alle Stühle und Notenständer da? An der richtigen Stelle? Sind die Noten auf den Pulten? Stehen Podest des Leiters und große Instrumente wie Klavier, Pauken etc. an der richtigen Stelle? Ist die Beleuchtung richtig?
- ✓ Der Leiter sollte dafür sorgen, dass ein oder mehrere Räume vorhanden sind, in denen sich alle vorher aufhalten und ihre Kleidung und Instrumentenkoffer hinterlassen können. Instrumentalisten benötigen einen Raum, um sich warmzuspielen, also darf er nicht in Hörweite des Publikums sein.
- ✓ Das Auf- und Abgehen muss vorher geübt werden, vor allem bei Chören. Hierbei ist es notwendig, in einer klaren Reihenfolge vorzugehen, sodass jeder beim Auftreten wirklich an seinem richtigen Platz ist. Selbstverständlich sollen die Musizierenden hierbei nicht auf das Publikum reagieren

und so der Aufführung von Anfang an eine Ernsthaftigkeit verleihen.

- ✓ Die Kleiderordnung muss vorher besprochen werden.

Programm

Die Zuhörer sind immer für ein Programm dankbar, das auch gerne vom Leiter geschrieben werden kann, da es dann authentischer wirkt. Falls der Leiter vor der Wiedergabe etwas zum Programm sagen möchte, sollte der Text gut vorbereitet sein und ohne Zettel vorgetragen werden. Machen Sie sich bewusst, dass Einführungen bereits ein Teil der Aufführung sind und ebenso gut vorbereitet werden müssen. Schlecht dargebotene Einführungen können die ganze Aufführung verderben.

Nach der Aufführung/Applaus

- ✓ Die letzte Note der Aufführung bedarf ebenfalls besonderer Sorgfalt. Endet das Stück laut, sollte der Abschlag eine Geste sein, die das Werk wirklich zusammenfasst. Ist das Ende leise, sollte man einen Moment dem Schlussklang nachhören und erst dann langsam die Arme senken.
- ✓ Vor der Darbietung sollte besprochen werden, wie auf den Applaus reagiert wird. Sollen sich alle verbeugen, darf dieses nicht hektisch wirken, der Impuls dazu geht vom Leiter aus. Das Publikum benötigt für diesen Teil Zeit, deshalb sollte gerade nervösen oder unerfahrenen Musikern dieser Aspekte nahe gelegt werden. Leiten Sie eine große Gruppe, so verbeugen nur Sie sich, vergessen Sie aber keineswegs, den Applaus auf alle zu lenken! Beim Abgang verlässt der Dirigent zuerst die Bühne, alle anderen folgen in einer zuvor geübten Reihenfolge.
- ✓ Der Applaus sollte wichtig genommen werden, schließlich ist er der Lohn für die Mitwirkenden. Die Musizierenden sollten zum Applaus alle aufstehen, einem Musiker sollte stellvertretend für alle besonders gedankt werden, zumeist ist dies der Konzertmeister oder jemand anderes, der links neben dem Leiter sitzt. Wenn der Dirigent zum ersten Mal die Bühne verlässt, sollte er möglichst schnell wieder zurückkehren, sonst könnte der Applaus abnehmen und er wird damit allen Beteiligten vorenthalten. Wirkt ein Solist mit, gehört ihm der Applaus, er steht im Zentrum. Der Dirigent sollte sich zurückhalten und warten, bis der Solist ihn und auch die anderen Musiker in den Applaus integriert. Das Zeichen zum Erheben des Ensembles geht jedoch immer vom Dirigenten aus, dieser verlässt die Bühne nach dem Solisten und betritt diese auch nach ihm.

Anhang

Alte Schlüssel

In der Chormusik werden in Neuausgaben keine alten Schlüssel mehr verwendet. In älteren Ausgaben finden sich diese hingegen häufiger. In der Instrumentalmusik wird der Altschlüssel für die Bratsche sowie für die Altposaune verwendet. Der Tenorschlüssel wird für Tenorposaunen und gelegentlich für die Celli benötigt. Die alten Schlüssel zeigen jeweils das „eingestrichene c“ an. Die abgebildete Melodie wird in alten Schlüsseln wie folgt notiert:

Original:

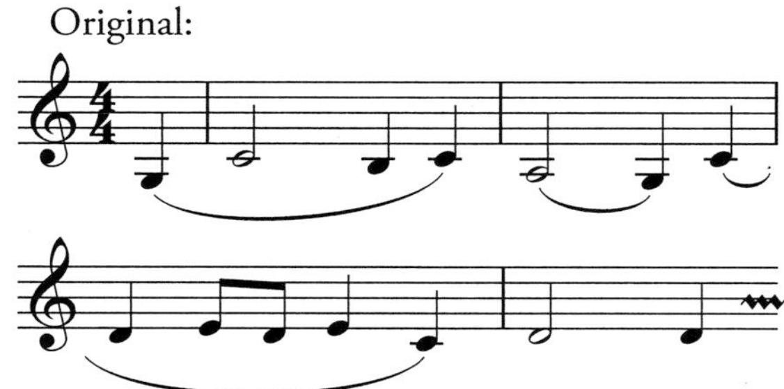

Brahms: Symphonie Nr. 1, 4.Satz, Hauptthema

Sopranschlüssel:

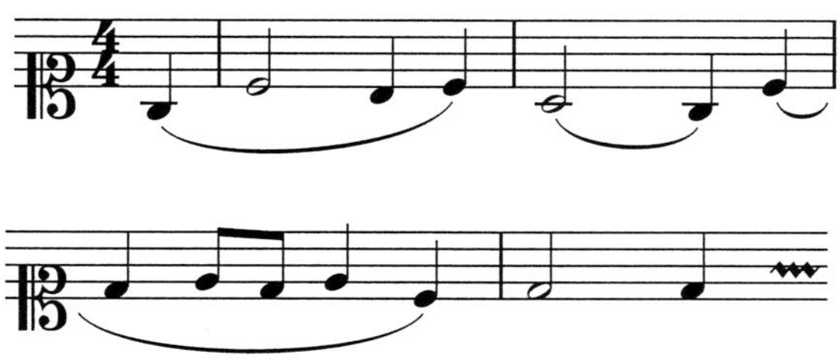

Altschlüssel:

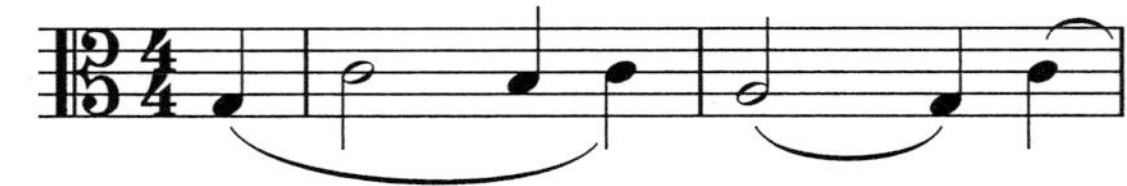

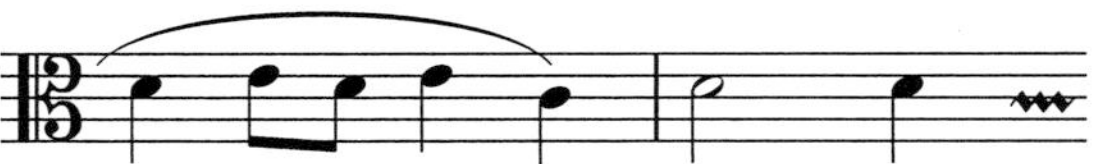

Tenorschlüssel:

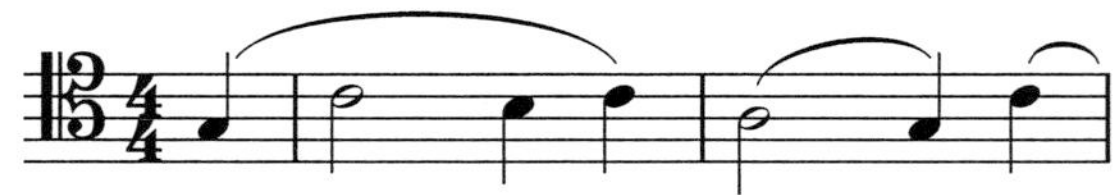

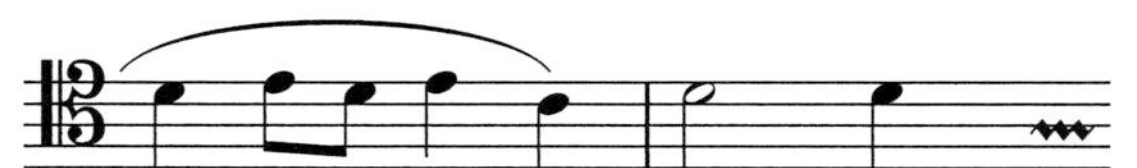

Transponierende Instrumente

Häufig werden Blasinstrumente in der Partitur in einer anderen Tonhöhe notiert als sie tatsächlich klingen. Diese Transposition bedeutet eine Erleichterung für die Spieler. Für das „Umrechnen“ gilt immer, dass der angegebene Ton im Namen statt C erklingt. Bei einer Klarinette **in A** erklingt also statt eines notierten C´s ein A. In diesem Fall bedeutet es, dass sie eine kleine Terz tiefer als notiert erklingt.

Hier eine Übersicht über die am häufigsten verwendeten transponierenden Instrumente:

Original:

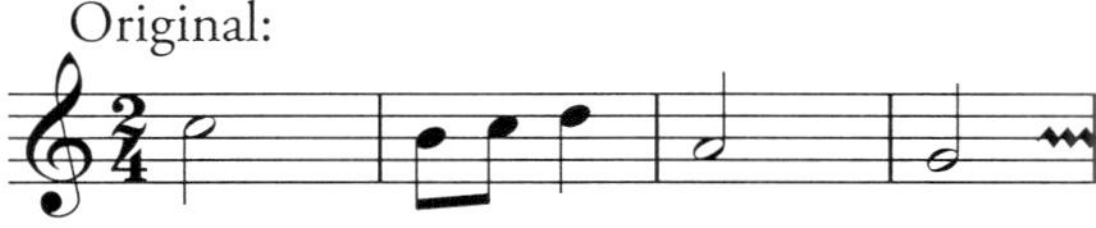

Elgar: Pomp and Circumstance, March Nr. 1 (Original in G-Dur)

Damit diese Melodie in C-Dur erklingt, muss sie wie folgt notiert werden:

Instrumente **in B**: Klarinette und Trompete (eine große Sekunde tiefer als notiert):

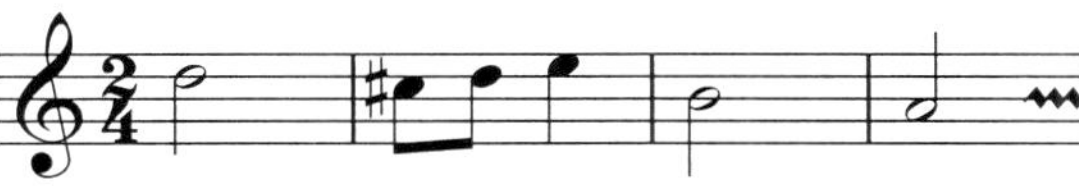

Instrument **in A**: Klarinette (eine kleine Terz tiefer als notiert):

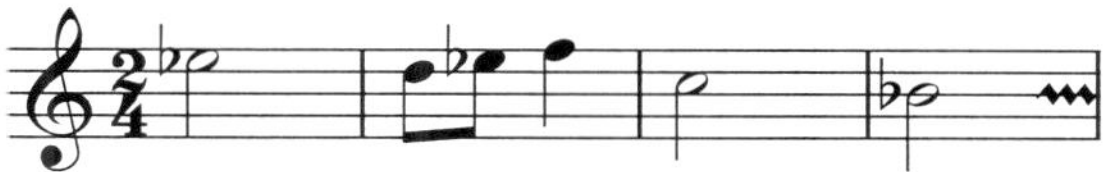

Instrument **in F**: Horn, Englisch-Horn (eine Quinte tiefer als notiert):

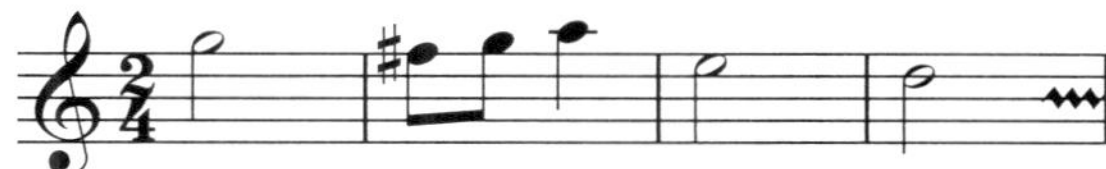

Instrument **in Es**: Altsaxophon (eine große Sexte tiefer als notiert):

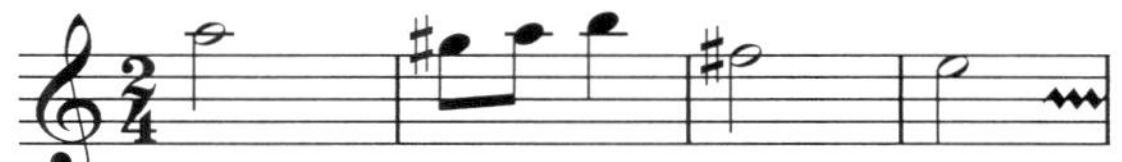

Daneben gibt es noch weitere seltenere Transpositionen. Für alle gilt jedoch das gleiche Prinzip des „Umrechnens“. Außerdem kommen Oktavtranspositionen vor, die in der Partitur nicht extra gekennzeichnet werden. So klingt die Piccoloflöte eine Oktave höher als notiert, der Kontrabass dagegen eine Oktave tiefer.

Beispiele für die Planung einer Hauptprobe

Die Hauptprobe (Probe vor der Generalprobe) sollte zeitlich genau geplant werden. Versuchen Sie, die Probe so anzulegen, dass die Mitwirkenden, die nicht in allen Teilen benötigt werden, nicht warten müssen! Vergewissern Sie sich, dass alle Mitwirkenden diese Zeiten erfahren.

Beispiel für eine Hauptprobe mit abnehmender Besetzung; die angegeben Zeiten sind natürlich für jedes Orchester individuell einzurichten:

Beethoven: Symphonie Nr. 6 „Pastorale“

Uhrzeit	**Satz**	**Orchester**
15:00	4. Satz	Tutti
15:25	5. Satz	- Piccolo
15.50	Pause	
16.10	3. Satz	- Posaunen und Pauken
16.30	1. Satz	- Trompeten
17:00	Pause	
17:10– 18:00	2. Satz	

Hier ein Beispiel für eine Hauptprobe mit zunehmender sowie wechselnder Besetzung, auch hier sind die veranschlagten Zeiten nur Beispiele, die individuell sehr variieren können:

J.S. Bach: Kantate „Nun komm, der Heiden Heiland“ BWV 62

Uhrzeit	**Satz**	**Besetzung**
15:00	Nr. 5 Rezitativ	Sopran solo, Alt solo Continuo (Cello, Bass, Orgel)
15:10	Nr. 3 Rezitativ	- Sopran solo, Alt solo. + Bass solo
15:15	Nr. 4 Arie	+ Violinen und Bratschen
15:30	Nr. 2 Arie	- Bass solo + Tenor solo und Oboen
15:50	Pause	- Tenor solo
16:00	Einsingen	+ Chor
16:10–17:00	Nr. 1 Eingangschor Nr. 6 Choral	Chor/ Orchester

Planen Sie immer etwas mehr Zeit als Reserve ein, dies gilt besonders für den letzten Probenteil. Es bleibt dadurch noch Zeit für eventuell nötige Korrekturen, Wiederholungen, Absprachen! Versuchen Sie, die Probe auf keinen Fall zu überziehen, und beenden Sie diese positiv!

Quellennachweise

Weiterführende Literatur

Dirigieren

Bowen, José Antonio: *The Cambridge Companion to Conducting* (Cambridge University Press)

Rudolf, Max: *The Grammar of Conducting* (Schirmer Music)

Meier, Gustav: *The score, the orchestra, and the conductor* (Oxford University Press)

Partiturspiel

Stenger, Alfred: *Partiturspiel* (Robert Lienau)

Creuzburg, Heinrich: *Partiturspiel* (Schott)

Chorleitung

Thomas, Kurt/ Wagner, Alexander: *Lehrbuch der Chorleitung* (Breitkopf und Härtel)

Bastian, Hans Günther / Fischer, Wilfried: *Handbuch der Chorleitung* (Schott)

Orchester/Orchesterleitung

Schuller, Gunther: *The Complete Conductor* (Oxford University Press)

Adey, Christopher: *Orchestral Performance* (Faber and Faber)